高齢者福祉サービス論

下山 昭夫 著　Akio Shimoyama

学文社

はじめに

　本書は，社会福祉士養成教育課程の授業科目である「高齢者に対する支援と介護保険制度」において使用することを目的に執筆した。

　高齢者を対象にした社会福祉サービス，とりわけ介護保険制度の諸サービスに関する専門的な知識の修得を目指している。介護保険制度は，要介護高齢者の増加に対処するために，「介護の社会化」を具現化する社会保険制度として発足している。言うまでもないことであるが，介護保険制度にもとづく諸サービスに対する理解は社会福祉士にとって必要不可欠であるため，本書は介護保険制度の基本的な仕組みに関する理解を主たる目的に執筆した。

　ただ，社会福祉士が「福祉社会の構築を担う福祉専門職」としての社会的責任と使命を遂行するには，介護保険制度や老人福祉法などの現在の高齢者保健福祉制度の諸システムに関する知識を修得するだけでは十分にその職責を果たせない。現在の仕組みが内在する諸問題への洞察，新しい課題に対する問題意識についても合わせて考えなければならない。

　したがって，本書では，基本的には厚生労働省が示す教育内容（教育に「含まれるべき事項」や「想定される教育内容の例」）に準拠しながらも，現在の高齢者保健福祉制度の問題やこれからの課題等を考えていくための記述をいくつか追加した。社会福祉士には，要介護高齢者の自立を支援するという「実践者」あるいは「臨床家」としての役割が期待されるが，同時に，次の時代の福祉社会の礎を構築していくための「開拓者」としての社会的役割も期待されるからである。

2011年6月

下山　昭夫

目　　次

はじめに ……………………………………………………………………… i

第1章　少子高齢社会と高齢者の生活環境 …………………………… 1
1．人口構造の少子高齢化　*1*
　(1)人口構造の変化／(2)少子高齢化の将来予測／(3)少子高齢化の4つの特徴
2．少子高齢化の人口学的背景　*4*
　(1)未婚化・晩婚化／(2)合計特殊出生率の動向／(3)平均余命と平均寿命の伸長
3．家族変動と高齢者　*6*
　(1)家族の形態変化と高齢者／(2)高齢者扶養の規範意識の変化
4．高齢者を取り巻く様々な生活問題　*8*

第2章　高齢者の特性と生活実態 ……………………………………… 11
1．高齢者の社会的理解　*11*
　(1)ライフステージとしての老年期／(2)老年期の経済生活／(3)老年期の地域生活
2．高齢者の身体的特性　*14*
　(1)生理的老化／(2)高齢者の疾病構造
3．高齢者の精神的特性　*16*
　(1)知能の変化／(2)パーソナリティの変化／(3)高齢者の生活意識
4．要介護高齢者の実情　*17*
　(1)高齢者の心身の状況と介護の場所／(2)居宅における家族介護の実態

第3章　高齢者保健福祉制度の展開と介護保険制度 ………………… 21
1．高齢者保健福祉制度の歴史的展開　*21*
　(1)明治・大正・昭和初期／(2)戦後―昭和20年以降の展開―
2．介護保険制度の創設　*23*
　(1)介護保険制度の創設の背景／(2)介護保険制度の目的と理念／(3)介護保険制度の基本的な考え方
3．介護保険制度の成立過程と改正介護保険制度　*25*
　(1)介護保険制度の成立過程／(2)介護保険制度の改正／(3)介護保険制度の今日的課題

第4章　介護保険制度の基本システム……………………………29
1．保険者と被保険者　29
　(1)保険者／(2)被保険者
2．介護報酬制度の仕組み　33
　(1)介護報酬制度／(2)事業者が介護報酬を受け取るまで／(3)介護報酬の改定
3．介護保険事業計画と介護保険財政　35
　(1)介護保険事業計画・介護保険事業支援計画／(2)介護保険財政／(3)介護保険財政の動向
4．介護サービスの質の確保　37
　(1)サービスの苦情への対応／(2)保険料徴収や要介護認定に関する苦情への対応／(3)介護サービス情報の公表制度／(4)事業者と介護支援専門員の更新制度
5．利用者負担の軽減および低所得者対策　40
　(1)利用者負担の軽減／(2)低所得者への配慮

第5章　介護保険制度における高齢者支援の方法……………………45
1．要介護認定・要支援認定　45
　(1)要介護認定・要支援認定のプロセス／(2)要介護認定・要支援認定の基準／(3)認定の更新と取り消し／(4)要介護認定・要支援認定者数の推移
2．介護サービス計画（ケアプラン）　49
　(1)介護サービス計画とケアマネジメント／(2)居宅サービス計画／(3)介護予防サービス計画／(4)施設サービス計画
3．サービスの利用手続き　53
　(1)サービス提供事業者との利用契約／(2)サービス提供事業者の重要事項説明書／(3)介護サービスの受給と自己負担分の支払

第6章　介護保険制度の居宅サービス・地域密着型サービス・入所型サービス……………………55
1．介護保険制度によるサービスの概要　55
　(1)介護保険制度におけるサービスの類型／(2)介護保険制度の諸サービス
2．居宅サービス　58
　(1)居宅サービスの種類／(2)訪問系のサービス／(3)通所系のサービス／(4)短期入所系のサービス／(5)居住系のサービス／(6)福祉用具の貸与・購入費用の支給
3．地域密着型サービス　63
　(1)地域密着型サービスの創設／(2)地域密着型サービスの種類

4．入所型の施設サービス　66
　　(1) 入所型施設サービスの種類／(2) 入所型施設サービスの概要／(3) 介護保険施設の基本的仕組み

第7章　地域支援事業と地域包括支援センター　75
　1．地域支援事業　75
　　(1) 地域支援事業の事業領域と財政構造／(2) 介護予防事業（必須事業）／(3) 包括的支援事業（必須事業）／(4) その他の事業
　2．地域包括支援センター　78
　　(1) 地域包括支援センターの意義と役割／(2) 地域包括支援センターの基本機能

第8章　介護保険制度を支える組織・団体の役割　83
　1．国の役割　83
　2．都道府県の役割　83
　3．市町村の役割　84
　4．指定サービス事業者の役割　84
　5．国民健康保険組合連合会の役割　87

第9章　介護保険制度を支える多様な専門職　89
　1．介護保険制度を支える専門職　89
　　(1) 介護支援専門員／(2) 社会福祉士／(3) 介護福祉士／(4) 訪問介護員／(5) 精神保健福祉士／(6) 介護相談員／(7) 福祉用具相談員／(8) 認知症サポーター
　2．専門職のネットワーキング　93
　　(1) 専門職のネットワーキングの意義／(2) 専門職のネットワーキング
　3．専門職の倫理　94
　　(1) 社会福祉士の倫理責任／(2) 介護支援専門員の倫理責任

第10章　高齢者保健福祉サービスを支える法・制度　97
　1．老人福祉法　97
　　(1) 目的と基本的理念／(2) 福祉の措置
　2．高齢者医療確保法　98
　　(1) 高齢者医療確保法／(2) 後期高齢者医療制度の仕組み
　3．高齢者の虐待防止と権利擁護　101
　　(1) 高齢者虐待の分類と実情／(2) 高齢者虐待防止法／(3) 成年後見制度／(4) 日常生活自立支援事業

4．高齢者の住宅政策　　*105*
　(1)高齢者の住宅確保の課題／(2)高齢者の住宅政策・住環境の整備
5．高齢者，障害者等の移動等の円滑化の促進に関する法律　　*107*

第11章　介護の概念や対象 ……………………………………… *109*
1．介護の概念と範囲　　*109*
　(1)介護の概念／(2)介護の範囲
2．介護の目的・方法・対象　　*113*
　(1)介護の目的／(2)介護の方法／(3)介護の対象

第12章　介護過程と介護技法 …………………………………… *117*
1．介護の過程　　*117*
　(1)介護過程と介護計画／(2)介護過程の構成要素／(3)介護の基本的態度
2．介護の技法　　*120*
　(1)食事介護の意義と要点／(2)排泄介護の意義と要点／(3)睡眠の介護／(4)入浴の介護／(5)移動の介護
3．認知症ケア　　*123*
　(1)認知症とは／(2)認知症の種類／(3)認知症の判断基準―様々な判定スケール―／(4)認知症の症状と問題行動／(5)認知症高齢者ケアの原則／(6)認知症高齢者支援対策
4．終末期ケア　　*127*
　(1)終末期ケアの意義／(2)終末期の考え方とケア

参考文献・参考資料 ……………………………………………………… *131*
あとがき ………………………………………………………………… *133*
索　　引 ………………………………………………………………… *135*

第1章　少子高齢社会と高齢者の生活環境

【本章の学習課題】

> 📝 少子化・高齢化の人口動向とその背景について理解する。
> 📝 高齢者の生活環境の基盤である家族変動について理解する。
> 📝 高齢者に対する扶養・介護意識の変化について理解する。
> 📝 高齢者を取り巻く様々な生活問題について理解する。

1．人口構造の少子高齢化

(1) 人口構造の変化

◆ 現在の人口

　総務省統計局の推計によると，2009（平成21）年10月1日時点の総人口は約1億2751万人である。65歳以上は約2901万人，総人口の約23％を占めている。0～14歳は約1701万人，総人口の約13％，15～64歳は約8149万人，総人口の約64％である。

◆ 少子化の進行

　人口構造の少子化が進んでいる。表1-1は，1920（大正9）年の第1回国勢調査から2005（平成17）年国勢調査までの年齢階級別人口構造の変化，および2008（平成20）年の総務省統計局による推計人口である。1920年の年少人口は36.5％であり総人口の約3分の1を占めていた。1960（昭和35）年まで，年少人口は総人口の3割以上であったが，その比率は急速に低下する。1990（平成2）年に2割を下回り，2008（平成20）年は約14％である。

◆ 高齢化の進行

　老年人口は1920（大正9）年時点では5.3％である。第2次世界大戦後も老年人口は約5％で推移するが，1960年代以降に老年人口比率は増加に転じる。

表1-1　年齢階級別人口構造の変化

(％)

	総　数	0～14歳 (年少人口)	15～64歳 (生産年齢人口)	65歳以上 (老年人口)
1920（大正9）年	100.0	36.5	58.3	5.3
1930（昭和5）年	100.0	36.6	58.7	4.8
1940（昭和15）年	100.0	36.7	58.5	4.8
1950（昭和25）年	100.0	35.4	59.6	4.9
1960（昭和35）年	100.0	30.2	64.1	5.7
1970（昭和45）年	100.0	24.0	68.9	7.1
1980（昭和55）年	100.0	23.5	67.4	9.1
1990（平成2）年	100.0	18.2	69.7	12.1
2000（平成12）年	100.0	14.6	67.9	17.3
2005（平成17）年	100.0	13.8	66.1	20.2
2008（平成20）年	100.0	13.5	64.5	22.1

出所：国立社会保障・人口問題研究所編『平成21年版　社会保障統計年報』法研　2010（平成22）年

1980年代以降は急速に高齢化が進み，2008（平成20）年の高齢化率は22.1％となっている。

(2) 少子高齢化の将来予測

表1-2は，「日本の将来推計人口　2006（平成18）年12月推計」である。2015年の老年人口は約3378万人，高齢化率は26.9％である。高齢化率は急激に上昇し，2025（平成37）年には老年人口は約3635万人，高齢化率は30％を超えると予測されている。2055（平成67）年の高齢化率は40.5％であり，総人口の約4割が65歳以上の高齢者になると見込まれている。

(3) 少子高齢化の4つの特徴
◆ 高齢化の速度

諸外国に比べ高齢化の進行速度がいちじるしく速い。老年人口比率の「倍加年数」（「7％→14％」の年数，「10％→20％」の年数）は，「7％→14％」は

表 1-2 人口の将来推計

	人口（千人）		年齢階級3区分の比率		
	総数	65歳以上人口	0〜14歳	15〜64歳	65歳以上
2005（平成17）年	127768	25761	13.8	66.1	20.2
2015（平成27）年	125430	33781	11.8	61.2	26.9
2025（平成37）年	119270	36354	10.0	59.5	30.5
2035（平成47）年	110679	37249	9.5	56.8	33.7
2045（平成57）年	100443	38407	9.0	52.8	38.2
2055（平成67）年	89930	36463	8.4	51.1	40.5

出所：国立社会保障・人口問題研究所「日本の将来推計人口2006（平成18）年」中位推計

日本24年間，ドイツ40年間，イギリス47年間，アメリカ71年間，スウェーデン85年間，フランス115年間である。「10%→20%」は日本20年間，ドイツ57年間，イギリス80年間，アメリカ64年間，スウェーデン66年間，フランス75年間である。

◆ 後期高齢者人口の増加

老年人口は，「65歳〜74歳」の前期高齢者と「75歳以上」の後期高齢者に分けられる。「寝たきり」や「認知症」等の要介護状態になる確率が高い後期高齢者人口の増加が予測されている。

◆ 高齢化の地域間格差

高齢化の地域間格差が大きい。総務省「推計人口」（2009（平成21）年）によると全国の高齢化率は22.7%だが，「都道府県別の高齢化」をみると秋田県は28.9%，島根県は29.1%と高水準である。対して，愛知県は19.8%，沖縄県は17.5%と2割の水準を下回っている。都道府県単位で高齢化率に大きな地域間格差がある。市町村単位でみても，高齢化率が5割を超えている市町村がある一方で，高齢化率が1割前後の市町村もある。市町村レベルの高齢化率の格差も大きい。

今後は，埼玉県・千葉県・神奈川県といった大都市部の高齢化の急速な進行

が見込まれている。

◆ 高齢化率の水準の高さ

　人口高齢化の第4の特徴は，高齢化が高水準になることである。将来的には，総人口の3分の1程度が老年人口になると予測されている。

2. 少子高齢化の人口学的背景

(1) 未婚化・晩婚化

　少子高齢化のメカニズムは，生涯未婚率と初婚年齢の上昇，高齢者の死亡率の低下による平均余命の伸長から説明できる。

◆ 生涯未婚率の上昇

　男性の未婚化が顕著である。1970年代から生涯未婚率が上昇し，2005（平成17）年は約16％である。女性は1960年代から1980年代にかけて男性よりも高水準であり，2005（平成17）年には約7％である。今後，配偶関係を有しないで老後生活に至り，一人暮らしとなる男性高齢者の大量出現が予想される。

◆ 初婚年齢の上昇

　男性の初婚年齢は，1970年代以降は上昇基調となり，1990（平成2）年には30歳を超え，2009（平成21）年は30.4歳である。女性も，1970年代ごろを転換点として上昇している。2009（平成21）年の女性の平均的な初婚年齢は28.6歳であり，初婚年齢の上昇は晩婚化現象を引き起こしている。

　未婚化や晩婚化は，女性の出産年齢を後方にシフトさせ出産機会を減少させる。結果として，子どもの出生数の減少と出生率を引き下げる要因のひとつとなっている。

(2) 合計特殊出生率の動向

　合計特殊出生率は「女性が一生の間に生む子どもの平均の数」である。第2次世界大戦前には平均して4～5人であったが，戦後急速に低下して1975（昭和50）年には2を下回っている。その後も低下を続け，2009（平成21）年は

1.37 である。約 30 年間，人口置き換え水準の 2.08 を下回り，人口減少社会への突入が確実視されている。

(3) 平均余命と平均寿命の伸長

表 1-3 の「平均余命と平均寿命」をみると，「0 歳時の平均余命」すなわち「平均寿命」は，男性は 1947（昭和 22）年の 50.06 年から一貫して伸長し 2009（平成 21）年には 79.59 と約 30 年伸びている。女性は 1947（昭和 22）年の 53.96 から 2009（平成 21）年の 86.44 と，30 年以上伸長している。誕生後の生存期間予測である「平均余命」は，男女ともに大幅に伸長し，男性の平均寿命は約 80 年，女性の場合は約 86 年である。

高齢者の死亡率は低下しており，65 歳時点の平均余命は，1947（昭和 22）年の 65 歳男性は 10.16 であったのが，2009（平成 21）年には 18.88 である。1947（昭和 22）年の 65 歳女性の平均余命は 12.22 であったのが，2009（平成 21）年には 23.97 である。これは「65 歳まで生存した人がその後生きる年数を含めた，トータルとしての人生の合計期間」が男性は約 84 年間，女性は約 89 年間になることを意味している。

表 1-3　平均余命と平均寿命

	男　性		女　性	
	0 歳	65 歳	0 歳	65 歳
1947（昭和 22）年	50.06	10.16	53.96	12.22
1950～1952（昭和 25～27）年	59.57	11.35	62.97	13.36
1960（昭和 35）年	65.32	11.62	70.19	14.10
1970（昭和 45）年	69.31	12.50	74.66	15.34
1980（昭和 55）年	73.35	14.56	78.76	17.68
1990（平成 2）年	75.92	16.22	81.90	20.03
2000（平成 12）年	77.72	17.54	84.60	22.42
2009（平成 21）年	79.59	18.88	86.44	23.97

出所：厚生労働省「完全生命表」および「簡易生命表」[1]

3．家族変動と高齢者

(1) 家族の形態変化と高齢者

◆ 高齢者家族の核家族化―単独世帯と夫婦のみの世帯の増加―

　表1-4は，高齢者のいる世帯の割合の推移である。単独世帯および夫婦のみの世帯が増加している。「子と同居」の高齢者は減少傾向にあり，半数を下回っている。「子と同居しない高齢者」（単独世帯，夫婦のみの世帯の合計）の

表1-4　世帯構造別にみた高齢者（65歳以上の者）のいる世帯の年次推移

(%)

	総　数	単独世帯	夫婦のみの世帯	子と同居	その他の親族と同居	非親族と同居
1986（昭和61）年	100.0	10.1	22.0	64.3	3.2	0.3
1989（平成元）年	100.0	11.2	25.5	60.0	3.1	0.2
1992（平成4）年	100.0	11.7	27.6	57.1	3.4	0.3
1995（平成7）年	100.0	12.6	29.4	54.3	3.5	0.2
1998（平成10）年	100.0	13.2	32.3	50.3	4.0	0.2
2001（平成13）年	100.0	13.8	33.8	48.4	3.8	0.2
2004（平成16）年	100.0	14.7	36.0	45.5	3.6	0.2
2007（平成19）年	100.0	15.7	36.7	43.6	3.8	0.2
2009（平成21）年	100.0	16.0	36.9	43.2	3.7	0.1

出所：厚生労働省「国民生活基礎調査」各年

表1-5　高齢者の家族形態の将来予測

(%)

	総　数	単独世帯	核家族世帯				その他の世帯
			総数	夫婦のみ	夫婦と子	1人親と子	
2010（平成22）年	100.0	31.2	56.9	20.1	27.9	9.0	11.8
2015（平成27）年	100.0	32.7	55.9	20.1	26.2	9.5	11.4
2020（平成32）年	100.0	34.4	54.4	19.9	24.6	9.9	11.2
2025（平成37）年	100.0	36.0	52.9	19.6	23.1	10.2	11.2
2030（平成42）年	100.0	37.4	51.5	19.2	21.9	10.3	11.2

出所：国立社会保障・人口問題研究所「日本の世帯数の将来推計（全国推計）」2008（平成20）年3月

方が多く，高齢者家族の核家族化傾向を指摘できる。

◆ 高齢者家族の将来予測－単独世帯の増加－

表1-5は，高齢者の家族形態の将来予測である。高齢者の単独世帯が着実に増加し，2030（平成42）年には37.4％と約4割近い水準になる見込みである。高齢者の核家族世帯はやや減少傾向にあるが，「夫婦のみの世帯」は2割前後で推移し，「夫婦と子の世帯」は減少する傾向にある。今後，子とは同居しない「高齢者核家族」が支配的になることが予想されている。

(2) 高齢者扶養の規範意識の変化

高齢者扶養の規範意識を，「老親との同居規範意識」と「老親に対する介護規範意識」から考察する。表1-6は，妻の年齢階層別の「老親との同居規範意識」である。老親とくに要介護高齢者を居宅において実際に介護する役割を担う可能性のある（あるいは実際に介護している）50歳代・60歳代の中高年女性では，義理の老親との同居規範意識は明らかに低下し続けているのである。

次に，「年を取った親の介護は家族が担うべきだ」への賛否から，老親に対する介護規範意識についてみていこう。表1-7によると，「賛成」が総数を含めすべての年齢階層で低下している。同時に，「反対」についても，総数を含

表1-6 妻の年齢階層別の老親との同居規範意識

(%)

	賛 成				反 対			
	1993年調査	1998年調査	2003年調査	2008年調査	1993年調査	1998年調査	2003年調査	2008年調査
総　数	61.5	50.4	50.4	49.7	38.5	49.6	49.6	50.3
29歳以下	58.8	45.4	49.2	54.9	41.3	54.6	50.8	45.0
30～39歳	53.0	44.0	47.1	48.4	46.9	56.1	52.9	51.6
40～49歳	60.7	47.2	49.1	46.7	39.3	52.8	50.9	53.2
50～59歳	69.9	57.6	53.1	49.3	30.1	42.5	46.9	50.7
60～69歳	70.7	60.1	53.6	53.4	29.3	39.8	46.4	46.6

出所：国立社会保障・人口問題研究所『全国家庭動向調査』(財)厚生統計協会　各年(2)

表1-7 妻の年齢階層別の老親に対する介護規範意識

(%)

	賛　成			反　対		
	1998年調査	2003年調査	2008年調査	1998年調査	2003年調査	2008年調査
総　数	74.8	65.6	62.1	25.2	34.4	37.9
29歳以下	83.2	78.2	77.2	16.7	21.8	22.8
30～39歳	76.6	68.1	66.9	23.4	31.9	33.1
40～49歳	69.5	62.9	60.7	30.4	37.1	39.3
50～59歳	74.9	61.3	56.2	25.2	38.7	43.8
60～69歳	77.6	67.4	61.8	22.4	32.6	38.1

出所：表1-6と同じ

めたすべての年齢階層で増加している。

　老親との同居規範意識と同様に，老親に対する介護規範意識についても低下している。とはいえ，「賛成」とする肯定的な態度は高水準にあることに変わりはない。老親に対する介護規範意識には根強いものがある。

4．高齢者を取り巻く様々な生活問題

　高齢者を取り巻く様々な生活問題がある。

◆ 過疎地の高齢者

　過疎地域における高齢者問題がある。高齢化には地域間格差がある。65歳以上の高齢者比率が半数を占める自治体が相当数ある。さらに集落・コミュニティ単位でみていくと，山村や漁村など集落単位で65歳以上の高齢者が半数を超え，冠婚葬祭などができずに共同体の維持が限界に近づいている集落がある。「限界集落」という。全国に数千ヵ所あるとされている。

◆ 都市高齢者の社会的孤立―孤独不安と孤独死―

　顕在化する都市高齢者の社会的問題として，高齢者の社会的孤立や孤独不安そして孤独死の問題がある。都市部を中心に，地域から孤立した状態で高齢者が死亡することが社会問題となっている。孤独死を防止するために「孤独死ゼ

ロ」を目指した様々な啓発活動が行なわれている。

◆ 高齢者の交通安全問題

　高齢者の安全確保・安心確保では，交通事故問題や犯罪被害者問題がある。65歳以上の高齢者の交通事故死者数は年々減少しつつある。2009（平成21）年は2452人である。しかしながら，交通事故者数全体そして16～64歳層の死者数が減少していることから，高齢者の交通事故死者数の割合自体は増加し続けている。2009（平成21）年には49.9％と，交通事故死者数の約半数を占めるに至っている。また，65歳以上の高齢ドライバーによる交通事故件数も年々増加しており，交通事故全体の15.0％を占めている。

◆ 高齢者の消防安全問題

　火災による死者数のうち65歳以上の高齢者の占める比率が高い。2008（平成20）年では，火災による全死者数のうち63.2％を占めている。

◆ 高齢者の犯罪被害対策

　犯罪における65歳以上の高齢者の被害状況は，2008（平成20）年には約15万5千件であり，近年減少傾向にあるが，犯罪被害認知件数は増加する傾向にある。いわゆる「オレオレ詐欺」の被害者のうち，65歳以上の高齢者は約70.1％を占めていると推定されている。「還付金詐欺」についても，65歳以上の高齢者の割合は65.6％と推定されている。全国の消費者センターに寄せられた相談のうち，高齢者の関係では家庭訪問販売や電話勧誘販売におけるトラブルが顕著である。相談件数は全体で年間10万件を超えている。

【注】
（1）生命表とは，死亡状況（年齢別死亡率）が今後変化しないと仮定したときに，各年齢の者が1年以内に死亡する確率や平均してあと何年生きられるかという期待値などを死亡率や平均余命などの指標（生命関数）によって表わしたもの。0歳時の平均余命が「平均寿命」。
（2）設問は，1993年調査と1998年調査は「年をとった親は息子夫婦と一緒に暮らすのが良い」に対する「妻」の意識。2003年調査以降は「年をとった親は子ども夫婦と一緒に暮らすのが良い」に変更されている点に留意されたい。

第2章　高齢者の特性と生活実態

【本章の学習課題】

> 📝 高齢者の社会的地位や役割，日常生活，地域生活等の社会生活の側面を理解する。
> 📝 高齢者の心身の特性や生活実態について理解する。
> 📝 高齢者の自立的生活を支える福祉・介護サービスニーズを理解する。

1．高齢者の社会的理解

(1) ライフステージとしての老年期

◆ 老年期の登場

　かつて平均寿命が短かった時代，少数の高齢者は豊かな人生経験と多くの知識をもつ存在として，コミュニティのなかで尊重され高い社会的地位とそれに応じた役割が用意されていた。しかしながら，技術革新が進み，高齢者の経験や様々な知識・技術の有用性が低くなった今日，その社会的地位と役割の低下を否定することはできない[1]。

　とはいえ，今日の高齢者はライフステージとしての老年期を享受できるようになった。職業生活からの引退や子育ての終了後のライフステージを老年期とするならば，平均寿命が短かった時代には老年期は存在しなかったともいえる。職業生活からの引退や子育ての終了と自らの寿命の終焉はほとんど同時に訪れていたからである。それが，今日では平均寿命が著しく伸びることによって，20年から30年ほどの老年期が出現したのである。

◆ 高齢者の生活時間

　高齢者の日常生活を生活時間[2]の観点からみていこう。65歳以上の高齢者について，2006（平成18）年の調査によると，1次活動時間（睡眠，身の回り

の用事，食事等）が男性11時間46分，女性11時間48分である。2次活動時間（仕事，家事関連等）は男性3時間8分，女性4時間27分である。3次活動時間（休養，趣味，娯楽等）は男性9時間6分，女性7時間46分である。高齢者の生活時間の増減からみた特色は，3次活動時間のうちの「学習・研究，趣味・娯楽，スポーツ・ボランティア活動，社会参加活動等」の「積極的自由時間活動」の増加傾向がみられることである。

　高齢者は健康であれば，その人生の晩年において様々な社会的活動や生きがい活動に参加することができる。その意味で，人生80年時代あるいは女性にいたっては90年時代といわれる今日，老年期は可能性を秘めたライフステージである。

◆ 喪失のライフステージ

　同時に，老年期は様々な「喪失」を経験するライフステージでもある。一般的には，老年期では心身機能は低下する。職業生活からの引退や子育ての終了は社会的地位と役割の喪失につながり，全般的に経済力も失われてくる。配偶者や兄弟姉妹・友人などとの死別も経験する。老年期は「喪失」のライフステージでもある。

(2) **老年期の経済生活**

◆ 経済的収入源―公的年金への依存―

　「国民生活基礎調査」（2008（平成20）年）によると，高齢者世帯の経済的収入源の構成割合は，総所得のうち公的年金等は70.8％，稼働所得は16.9％，財産所得は5.9％である。公的年金等を受給している高齢者世帯については，公的年金等が100％である世帯は61.2％である。高齢者の経済生活は公的年金によって支えられている。なお，高齢者世帯1世帯あたりの平均所得金額は298.9万円，公的年金・恩給の額は211.6万円である。

◆ 強い就労意欲と雇用就業対策

　高齢者の就労意欲は強い。内閣府「高齢者の地域社会への参加に関する意識

調査」(2008（平成20）年) によると，「働けるうちはいつまでも働き続けたい」や「70歳ぐらいまでは働き続けたい」とする高齢者が多い。この背景には健康のためや社会参加といった理由も考えられるが，他方で，受給年金額が少ないことによる経済的理由から就労せざるをえない高齢者も少なくない。

　高齢者の雇用・就労対策は高年齢者雇用安定法によっている。65歳までの安定した雇用確保等を図るために2004（平成16）年に同法が改正され，2006（平成18）年4月から事業主は「65歳までの段階的な定年の引き上げ，継続雇用制度の導入，または定年の廃止のいずれかの措置（「高年齢者雇用確保措置」）を採ることが義務付けられた。また，定年退職後等における「地域社会に根ざした臨時的・短期的または軽易な作業等の就業機会」を提供するシルバー人材センターがある。

◆ 住宅・預貯金等の資産の現況

　高齢者の資産状況は，持ち家等の住宅資産（持ち家率）と預貯金からみていくことができる。住宅資産については，大半の高齢者は持ち家である。しかしながら，貸家・アパート等に居住し，継続居住の面で不安定な住宅事情におかれている高齢者のいることを看過してはならない。預貯金等は「平成20年家計調査」（総務省）によると，世帯主が65歳以上である世帯の貯蓄の分布は4000万円以上が17.1％を占めている一方で，100万円未満の世帯も6.1％ある。預貯金等の面での貧富の格差が大きい。

◆ 高齢者の生活保護率

　生活保護制度における65歳以上の被保護人員数は2008（平成20）年で64万人であり，少しずつ増加している。また，65歳以上の生活保護率は2.28％であり，こちらも年々増加する傾向にある。

(3) **老年期の地域生活**

◆ 高齢者の社会参加活動

　前述のように，高齢者の生活時間のうち「積極的自由時間活動」がやや増加

する傾向にある。高齢者は生理的な老化により，高齢になるほど，寝たきりや認知症等の要介護状態になる可能性が高まる。しかしながら，すべての高齢者が要介護状態になるのではなく，多くの高齢者は病気をもちつつも自分のことは自分でできる状態を維持し日常生活を過ごす。

　高齢者の多くが，コミュニティにおいて社会参加活動やボランティア活動に参加していることを見逃してはならない。

◆ 高齢者のソーシャルネットワーク

　ソーシャルネットワークのとらえ方は様々であるが，一般的には，自己と他者との間に築いた社会関係の網の目と理解できる。ソーシャルネットワークは，社会関係の広がりや密度あるいは継続性の面からとらえることができる。ソーシャルネットワークの視点からコミュニティにおける高齢者の存在形態を考えると，「孤独死」から指摘できるように，大都市居住の高齢者におけるソーシャルネットワークの弱体化や社会的孤立という問題を指摘できる。

2．高齢者の身体的特性

(1) 生理的老化

◆ 身体機能の低下

　生物としてのヒトは，身体の内部環境や外部環境の変化に応じて自己調整し，人体の安定性を維持しようとする仕組みである「恒常性（ホメオスタシス）維持機能」を備えているといわれている。①防衛力：免疫力（抗体）や反射神経，②予備力：外部からのストレスに対し余裕をもって対処できる力，③適応力：外部からのストレスに対処・順応する力，④回復力：自然治癒力・修復する力などである。

　だが，加齢はこのようなホメオスタシス機能を徐々に低下させ，身体内外の環境変化に自己を対応させることを少しずつ困難にしていく。

◆ 身体の各器官の老化

　加齢は身体を構成する臓器に様々な変化を与える。臓器全般の変化は細胞数

表2-1　身体の各器官の一般的変化

- 皮膚（感覚）：弾力性が失われシワが多くなる。痛覚等の感覚機能が低下。
- 視覚（眼球）：水晶体の弾力性が衰える。毛様体筋の萎縮から視力が低下。
- 聴覚（聴力）：聴力が低下。高音域の聞き取りが低下。平衡感覚の低下（転びやすくなる）。
- 味覚・嗅覚：味覚・嗅覚の低下。
- 心臓：収縮力が低下。収縮期血圧が上昇。
- 呼吸器（肺）：換気機能の低下。肋骨の弾力性低下，胸部筋肉の萎縮などのため肺の拡張と収縮ができにくくなる。
- 消化系：咀嚼（噛み砕く力）・嚥下（飲み込む力）機能の低下による誤飲。消化液の分泌低下。
- 腎・泌尿器系：薬物を体内に蓄積しやすく，副作用発現の危険性が高まる。膀胱萎縮。
- 内分泌・代謝系：性ホルモンは女性の閉経期に急激に減少。一過性の発熱，イライラ，骨粗鬆症等。
- 骨・骨格筋：萎縮し脊柱が湾曲。膝と腰が軽度に屈曲して身長が低くなる。関節が硬くなる。骨が脆くなる。
- 筋力：筋力の低下。老化による萎縮が生じやすいが，廃用性による影響が大きい。筋肉トレーニングによる回復が可能。膝の筋力が低下し，膝関節痛。

や細胞内液量が減少することによる「臓器の萎縮と軽量化」である。白髪や脱毛などの外見上の変化もみられる。

(2) 高齢者の疾病構造

◆ 身体器官の特徴的な病気

身体の各器官別の特徴的な病気は次のとおりである。

表2-2　身体各器官の特徴的な病気

- 循環器系：心臓の動悸・息切れ，不整脈。心筋梗塞。脳梗塞。動脈硬化。高血圧。
- 呼吸器系：気管支炎，肺炎。
- 消化器系：食欲不振。便秘。消化不良。
- 泌尿器系：腎機能の低下。糖尿病。膀胱の容量縮小による排尿回数の増加。残尿感・頻尿・尿失禁。
- 骨，関節筋系：骨粗鬆症。変形性膝関節症。関節軟骨や椎間板の変性。
- 感覚器系：水晶体の混濁。視力低下。皮膚の温度識別能力の低下。
- 口腔，歯：歯肉が下がり虫歯にかかりやすい，歯周病（歯槽膿漏）の悪化。

◆ 高齢者の病気の特徴

　高齢者の病気の特徴は，①自然治癒力が低下し治療に長期間かかる。慢性疾患になりやすい。②合併症が多く，複数の病気にかかりやすい。③疾患による反応・症状が若い人に比べ非定型的。肺炎でも発熱がみられないことがある。病状が急変しやすい。④薬物の副作用が大きく強い薬を出せない。⑤病気が精神症状に影響を与える。⑥病後の回復が社会的環境に影響される。日常生活や食生活の改善が予防効果を高める。⑦個人差が大きい。

◆ 介護保険法における「特定疾病」

　介護保険制度では，40歳以上65歳未満の第2号被保険者が特定疾病により要介護状態と判定された場合，介護保険サービスを利用できる。

表2-3　介護保険法における特定疾病

①がん（医師の判断により回復の見込みがない状態：末期がん）　②関節リウマチ　③筋萎縮性側索硬化症　④後縦靭帯骨化症　⑤骨折に伴う骨粗鬆症　⑥初老期における認知症　⑦進行性核上性麻痺，大脳皮質基底核変性症及びパーキンソン病　⑧脊髄小脳変性症　⑨脊柱管狭窄症　⑩早老症　⑪多系統萎縮症　⑫糖尿病性神経障害，糖尿病性腎症および糖尿病性網膜症　⑬脳血管疾患　⑭閉塞性動脈硬化症　⑮慢性閉塞性肺疾患　⑯両側の膝関節または股関節に著しい変形を伴う変形性関節症

3．高齢者の精神的特性

(1) 知能の変化

　知能とは，特定の目的を達成するために，合理的判断によって環境を効果的に処理する総合的な能力ととらえることができる。加齢により知能は低下するといわれるが，知能には2つの種類がある。流動性知能と結晶性知能である。流動性知能は，新しいものを学習したり，覚えたりする能力のことである。流動性知能は20歳代前半でピークに達してから徐々に低下していく。結晶性知能は，概念を操作したり，ものごとを判断したりするための能力である。結晶性知能は20歳代から60歳代にかけて徐々に上昇し，80歳代でも25歳と同じレベルを維持することができる。結晶性知能は，情報を経験や学習によって蓄

積された能力に照合し，それを適用する能力のことである。

(2) パーソナリティの変化

高齢者のパーソナリティは，これまで頑固，自己中心的といった側面が強調されてきた。しかしながら，今日では，高齢者特有のパーソナリティというものは否定されている。むしろ，人間のパーソナリティはそれが形成されてから高齢期に至るまで，外交的な人はそれを維持し続け，楽天的な人は楽天的であり続けるといった，継続的な側面が確認されている。

(3) 高齢者の生活意識

老化に対する社会的適応について2つの考え方がある。ひとつは活動説である。いまひとつは離脱説である。後者は，エイジングは個人と社会が相互に退き合う不可避の過程であり，その過程のなかで，エイジングに伴う個人と個人が所属している社会の他の成員との相互関係は，途絶えたり変質したりするという考え方である。活動説は，多様で数多い社会的活動は，エイジングの幸福と優れた適応とに関連しているという考え方である。

高齢者の生活意識は主観的幸福感と密接に関係する。過去の自らの人生に対する成就感や成功感が強ければ現在を肯定することができ，主観的幸福感も強まる。ものごとに対して積極的に取り組み，より活動的となる。反対に，自らの人生がうまくいかなかった，後悔がある，失敗したなどといった認識をもつ場合，現在の生活に対する否定的な態度が形成され主観的幸福感も低くなるであろう。

4．要介護高齢者の実情

(1) 高齢者の心身の状況と介護の場所

◆ 高齢者の心身の状況

高齢者の心身の状況は，有訴者率，日常生活に影響のある者の比率，受療率

の動向から把握できる。「国民生活基礎調査」(2007 (平成 19) 年) による 65 歳以上高齢者の有訴者率 (病気や怪我などの自覚症状を訴える者の比率：人口千人当たり) は 496.0 である。「65～74 歳」の男性が 430.9，女性が 492.0，「75～84 歳」の男性は 513.6，女性は 562.4，そして「85 歳以上」の男性は 531.4，女性は 523.9 である。

有訴者のうち「日常生活に影響のある者」の比率は，65 歳以上の者総数が 226.3 であり，「65～74 歳」男性は 163.3，女性は 167.0，「74～84 歳」男性は 259.6，女性は 290.7，そして「85 歳以上」男性は 374.7，女性は 405.2 である。

「患者調査」(2008 (平成 20) 年) による受療率 (人口対 10 万人当たりの推計患者数) は，65 歳以上男性で入院が 3186，外来が 10484 である。これは 65 歳以上の男性高齢者のうちのおおよそ 3.2％が入院し，おおよそ 10.5％が通院していることを意味する。65 歳以上の女性高齢者では，入院が 3387，外来が 11218 であり，3.4％が入院し，11.2％が通院していることになる。

65 歳以上の高齢者すべてが，同じような確率で要介護の状態になるわけではない。しかしながら，75 歳以上の後期高齢者になると，有訴者率や受療率が高まり，要介護状態になる可能性が高くなる。

◆ 居宅中心の高齢者介護

表 2-4 は，介護保険制度において要介護認定を受けた高齢者が実際にどのようなサービスを受けているのかを示している。これによると，要介護認定を受けた要介護者等は，全般的には，居宅でサービスを受給している者が多い。要介護度が高くなるに伴って施設サービスが増えるが，それでも居宅でサービスを受けている要介護高齢者は約 4 割である。このように，高齢者介護は居宅中心なのである。

◆ 高齢者の地域移行

2005 (平成 17) 年の介護保険法の改正により介護老人福祉施設，介護老人保健施設には在宅復帰支援機能が期待されるようになった。介護保険施設には，要介護状態が改善して入所高齢者が地域社会での生活に移行できるように支援

表 2-4　要介護高齢者が介護されている場所

	計	要介護1	要介護2	要介護3	要介護4	要介護5
総　数	100.0	100.0	100.0	100.0	100.0	100.0
居宅サービス	68.3	89.2	81.7	65.8	50.9	40.4
地域密着型サービス	7.9	6.8	8.2	10.5	8.0	5.3
施設サービス	27.1	5.6	13.0	28.5	45.5	57.6

注：認定区分が変更したり，利用サービスを変更した利用者がいるため，総数が100.0とはならない。
資料：厚生労働省「介護給付費実態調査」平成22年1月分

することが求められるようになった。だが，それは難しいのが現状である。

「患者調査」(2008（平成20）年）によると，「他の病院・診療所⇒病院等⇒家庭39.5％，他の病院等30.5％」，「介護老人保健施設⇒病院等⇒家庭6.1％，他の病院等8.1％，介護老人保健施設57.5％」，「介護老人福祉施設⇒病院等⇒家庭8.7％，他の病院等5.8％，介護老人福祉施設62.5％」である。介護老人保健施設や介護老人福祉施設から病院等に入院した場合，家庭に復帰するのは少数である。

(2)　居宅における家族介護の実態

　要介護高齢者の家族形態を表2-5に示してある。要介護高齢者等のいる世帯の総数では，単独世帯が24.0％であり，核家族世帯に属しているのは32.7％である。そのうち「夫婦のみの世帯」は総数全体の20.2％である。三世代世帯は23.2％にとどまっている。要介護高齢者の居宅介護においては，単独世帯や夫婦のみの世帯といった高齢者核家族の形態が過半数を占めている。

　単独世帯は「要支援者のいる世帯」が39.0％と多く，それ以外の家族形態は2割程度である。問題として留意すべきは，単独世帯であっても，要介護5や要介護4の高齢者がいることである。また，夫婦のみの世帯の場合，高齢の配偶者間介護（いわゆる老老介護）であるため，その介護負担は大きい。家族介護では，その役割の多くを「老いた妻」「中高年の娘」「中高年の嫁」といった

表 2-5　要介護高齢者等のいる世帯

	総　数	単独世帯	核家族世帯	(再掲)夫婦のみの世帯	三世代世帯	その他の世帯	(再掲)高齢者世帯
総　数	〔100.0〕	〔24.0〕	〔32.7〕	〔20.2〕	〔23.2〕	〔20.1〕	—
	100.0	100.0	100.0	100.0	100.0	100.0	100.0
要支援者のいる世帯	26.0	39.0	22.4	22.8	22.1	20.7	30.8
要支援1	12.9	22.2	10.5	10.9	9.0	10.1	16.3
要支援2	13.1	16.8	12.0	12.0	13.1	10.6	14.4
要介護者のいる世帯	70.3	56.9	72.9	73.3	74.5	77.2	65.6
経過的要介護	1.5	1.8	1.6	2.3	1.1	1.3	1.9
要介護1	17.5	20.5	15.9	16.7	16.8	17.3	18.4
要介護2	18.3	15.3	20.7	20.1	17.4	18.9	18.0
要介護3	15.1	12.0	15.4	16.2	18.2	14.7	13.8
要介護4	10.2	5.1	10.3	9.5	12.4	13.7	7.9
要介護5	7.7	2.2	8.8	8.5	8.4	11.4	5.6

注：認定区分を変更したケースがあるので，合計しても 100.0 にはならない。
出所：厚生労働省「国民生活基礎調査」2007（平成19）年

女性が担っているのである。

【注】
（1）山根常男「老人の地位・役割の変化」那須宗一・増田光吉編著『講座日本の老人3　老人と家族の社会学』垣内出版　1972年。
（2）総務省統計局編『平成18年社会生活基本調査』日本統計協会　2008年。

第3章　高齢者保健福祉制度の展開と介護保険制度

【本章の学習課題】

- 高齢者保健福祉制度の歴史的な展開過程について理解する。
- 介護保険制度の理念・目的，特徴などについて理解する。
- 改正介護保険制度のポイントについて理解する。

1．高齢者保健福祉制度の歴史的展開

(1) 明治・大正・昭和初期

◆恤救規則

　高齢者保健福祉の歴史は，推古天皇の時代（593年），聖徳太子が仏教思想にもとづき建立した四天王寺，および同寺に設置した敬田院，悲田院，施薬院，療病院の「四箇院」までさかのぼれる[1]。

　近代の高齢者保健福祉制度は明治期の恤救規則に始まる。恤救規則は1874（明治7）年に太政官達（第162号）として制定された一般救貧施策である。「無告ノ窮民」（働くことができない，高齢者，児童，妊婦，障害者等）に対する慈恵的救済制度である。「人民相互ノ情誼」を掲げ，地域社会や親族間の相互扶助を前提に，たとえば高齢者については単身70歳以上が対象であった。

　この時期，キリスト教や仏教の宗教指導者や民間団体の慈善活動が活発に展開した。養老院の名称をもってもっとも早く開設されたのが，1895（明治28）年の聖ヒルダ養老院といわれている。この他，当時の財界指導者であった渋沢栄一が院長となった「東京市（府）養育院」もこの時期に設置され，現在は「東京都養育院」として継承されている。

◆救護法

　世界恐慌を背景に1929（昭和4）年に救護法が制定され，1932（昭和7）年

にようやく施行された。同法では，公費が給付され，居宅保護を原則としつつ，必要に応じた施設保護の規定を設けている。対象は貧困であり，65歳以上の老衰者，13歳以下の児童，妊産婦，障害者等であり，扶養義務者が扶養できない場合にかぎり救済の対象としている。救護施設として養老院や孤児院などが法的に位置づけられている。

(2) 戦後－昭和20年以降の展開－
◆ 日本国憲法の生存権規定

日本国憲法の生存権規定は，社会保障・社会福祉制度そして高齢者保健福祉制度の根本的な根拠規定である。1947（昭和22）年施行の日本国憲法25条において，「① すべて国民は，健康で文化的な最低限度の生活を営む権利を有する。② 国は，すべての生活部面について，社会福祉，社会保障及び公衆衛生の向上及び増進に努めなければならない」とある。

◆ 生活保護法（旧法と新法）

1946（昭和21）年には生活保護法（旧法）がGHQ（連合国軍最高司令官総司令部）の指示により制定された。「国家責任による保護の原則が明文化」され，救護法の救護施設は生活保護法（旧法）の保護施設に組み込まれた。

1950（昭和25）年に，生活保護法（旧法）を全面的に改める形で現行の生活保護法（新法）が制定された。恤救規則や救護法のような慈恵的要素が排除され，公私の役割分担や社会福祉行政の仕組みが整備された。保護施設のなかに「養老施設」があり，老人福祉法の制定までの唯一の老人福祉施設であった。

◆ 国民皆年金・皆保険体制

1958（昭和33）年に国民健康保険法，1959（昭和34）年に国民年金法が制定され，1961（昭和36）年に全面施行された。国民すべてが年金保険と医療保険に加入する「国民皆年金・皆保険体制」が整った。

◆ 老人福祉法

1963（昭和38）年に老人福祉法が制定された。老人福祉法の成立により救貧

対策の枠のなかにあった老人福祉施策が一般的施策として独立した。生活保護法の養老施設が養護老人ホームとして引き継がれ，法律上の老人福祉施設として特別養護老人ホーム，軽費老人ホームなどが規定された。老人家庭奉仕員派遣事業（現在の訪問介護員）や老人福祉センターが法定化されている。

◆ 老人医療費支給制度

　1973（昭和48）年，70歳以上（寝たきり等は65歳以上）の高齢者が医療保険を利用した場合，自己負担分が全額公費で賄われる，事実上の老人医療費の無料化制度として，老人保健法施行まで続いた。

◆ 老人保健法

　老人医療費支給制度は，急速な高齢化もあり医療費の急増を招いた。加えて，国民健康保険については加入者の保険料問題，中高年期の生活習慣病の予防や早期発見対策の必要性が浮かび上がってきた。

　1982（昭和57）年8月に老人保健法が成立，1983年に施行された。同法により，①老人医療費無料化制度の廃止（一部負担を導入），②老人医療費に要する費用を国・地方公共団体・各医療保険保険者が拠出し，全国民が公平に負担して国民健康保険財政を救済，③疾病予防や健康づくりを含む総合的な老人保健医療対策の構築，④病院と家庭の中間施設としての老人保健施設の創設，そして1991年からは老人訪問看護制度がスタートした。

　この老人保健制度における高齢者の利用者負担の明確化や有料化の流れは，後の社会保険制度としての介護保険制度につながっていくのである。

2．介護保険制度の創設

(1) 介護保険制度の創設の背景

　一人暮らし高齢者や高齢夫婦のみの世帯は確実に増加する傾向にある。高齢者にとって介護は老後生活における最大の不安要因のひとつである。以前のような，子ども家族による介護には大きな期待を寄せることはできない。同居家族の介護機能は衰えている。他方，病院等への高齢者の社会的入院の問題も指

摘され，高齢者の介護問題への抜本的な対処が求められていた。

しかしながら，高齢者介護は老人福祉制度と老人保健制度の2つの異なる制度のもとで対応されてきた。利用手続きや利用者負担の面で不均衡があり，総合的なサービス利用という面で課題があった。また，老人福祉法による措置制度は行政がサービスの種類，提供機関を決定し，利用者にはサービス選択の自由がなかった。

高齢者介護問題を抜本的かつ構造的に見直したのが介護保険制度である。介護保険制度は，給付と負担の関係が明確な社会保険方式により社会全体で介護を支える新たな仕組みの創設を目指している。利用者の選択により，保健・医療・福祉にわたる介護サービスが総合的に利用可能にするところに制度創設のねらいがある。

(2) 介護保険制度の目的と理念

介護保険制度の目的と理念などは次のとおりである。

表3-1 介護保険制度の目的と理念

目　的	○要介護状態となった高齢者が尊厳を保持し，その有する能力に応じ自立した日常生活を営むことができるよう，必要な保健医療サービスおよび福祉サービスを提供する。
理　念	○個人の尊重の保持：年齢や障害の有無に関わらず人として尊重され，基本的人権を保障される。 ○自立した日常生活の保障：可能なかぎり自分の意思で生活の仕方や人生のあり方を選択・決定する。自立した日常生活の支援が目的。 ○国民の共同連帯：要介護高齢者への対応は，家族のみに背負わせるのではなく，社会全体で担う。
サービス提供（保険給付）の観点	○要介護状態又は要支援状態の軽減や悪化防止に努め，医療との連携に十分配慮する。 ○心身の状況や環境等に応じ，利用者の選択にもとづいて，適切な保健医療サービスおよび福祉サービスが多様な事業者・施設から総合的・効率的に提供される。 ○保険給付の内容および水準は，要介護状態となった場合であっても，可能なかぎり居宅においてその能力に応じ自立した日常生活を営むことができるように配慮する。

(3) 介護保険制度の基本的な考え方

介護保険制度の基本的な考え方は次のように整理できる。

【介護保険制度の基本的な考え方】
○社会的連帯が基盤：社会全体で高齢者介護を支える「介護の社会化」が目標。40歳以上の国民に介護保険料の費用負担を求め，広く国民の連帯により財政的に支える。65歳以上の高齢者は介護保険料を納付し連帯の一翼を担う。
○社会保険制度の採用：社会保険制度は，保険を運営する保険者，保険に加入する被保険者ともに法律によって規定。法律にもとづく強制加入であり，保険料の額や保険給付等も制度的に規定。介護保険制度は医療保険，年金保険，雇用保険，労働者災害保険と並ぶ社会保険制度。
○利用者の選択権と契約制度の導入：利用者がサービス事業者等を選択。サービスの利用はサービス提供事業者と高齢者本人等が利用契約を結ぶ。
○介護サービスの確立：保健・医療・福祉に分立していた介護サービスを，介護保険制度により一本化。
○ケアマネジメントシステムの導入：介護支援サービス（ケアマネジメント）を導入。各種サービスの利用には介護サービス計画（ケアプラン）を作成し，ケアマネジャー（介護支援専門員）は効果的なサービスを調整。
○市場の原理と競争原理の導入：サービス供給主体を株式会社等にも拡大。居宅サービスにおけるサービスの供給量の増加を図るとともに，多様な事業者による競争原理を導入。

3．介護保険制度の成立過程と改正介護保険制度

(1) 介護保険制度の成立過程

1993（平成5）年に「高齢社会福祉ビジョン懇談会」が設置され，翌年3月に「21世紀福祉ビジョン―少子・高齢社会に向けて―」が取りまとめられた。さらに，1994（平成6）年7月設置の「高齢者介護・自立支援システム研究会」は同年12月に「新たな高齢者介護システムの構築を目指して」の報告書をまとめた。そこでは「高齢者自身による選択」「介護サービスの一元化」「ケアマネジメントの確立」「社会保険方式の導入」が提起された。

1994（平成6）年9月の社会保障制度審議会「社会保障将来像委員会第2次報告」，1995年7月の社会保障制度審議会「社会保障体制の再構築（勧告）」をふまえ，1996年4月に老人保健福祉審議会最終報告「新たな介護保険制度

表 3-2　2005（平成 17）年度の改正介護保険制度

1：予防重視型システムへの転換（平成 18 年 4 月施行）
(1) 新予防給付の創設：要介護状態等の軽減・悪化防止を目的に予防給付を全面的に見直し。軽度者（要支援者）を対象に新たな予防給付を創設。 (2) 地域支援事業の創設：市町村を責任主体に介護予防事業，包括的支援事業（介護予防マネジメント事業，総合相談・支援事業，権利擁護事業および包括的・継続的マネジメント事業）等を実施する。
2：施設給付等の見直し：利用者負担の見直し（平成 17 年 10 月施行）
(1) 居住費・食費の見直し：在宅と施設の利用者負担の公平性の観点から，介護保険施設（ショートステイを含む）の居住費・食費および通所系サービスの食費を保険給付の対象外に。 (2) 低所得者に対する配慮措置：施設給付に低所得者負担を軽減する「補足給付」を創設。所得が一定の基準以下を対象に高額介護サービス費の月額上限額を見直し。
3：新たなサービス体系の確立（平成 18 年 4 月施行）
(1) 地域密着型サービスの創設：高齢者に身近な地域で多様かつ柔軟なサービスを提供。市町村が指定，監督。 (2) 地域包括支援センターの創設：① 総合的な相談・支援事業，② 介護予防マネジメント事業，③ 包括的・継続的マネジメント（ケアマネジメントへの支援）の包括的支援事業，④ 権利擁護事業等。 (3) 居住系サービスの充実：有料老人ホームの定義等の見直し，規制の対象範囲を拡大。特定施設入所者生活介護の対象を有料老人ホーム，ケアハウス以外にも拡大。
4：サービスの質の確保・向上（平成 18 年 4 月施行）
(1) 介護サービス情報の公表制度：介護サービス事業者に介護サービス情報の公表を義務付け。 (2) 事業者規制の見直し：事業者指定の更新制（6 年間）を導入。欠格事由の見直し。 (3) ケアマネジメントの見直し：介護支援専門員（ケアマネージャー）資格の更新制（5 年間）や研修の義務化，主任ケアマネジャーの創設等，ケアマネジメントの質の向上のための見直し。
5：負担のあり方・制度運営の見直し（平成 18 年 4 月）
(1) 第 1 号保険料の見直し：低所得者に対する保険料負担軽減のため，保険料区分の見直し。 (2) 要介護認定の見直し：認定の適正化を図るために申請代行，委託調査を見直し。 (3) 市町村の保険者機能の強化：都道府県知事の事業者指定にあたって市町村長の関与を強化。市町村長の事業所への調査権限の強化。

の創設について」が答申された。介護保険法は国会の審議を経て，1997（平成9）年12月に成立，2000（平成12）年4月に施行された。

(2) 介護保険制度の改正

2003（平成15）年，介護保険制度の今後の中長期的課題や高齢者介護のあり方を検討するために，厚生労働省は「高齢者介護研究会」を設置し，2003年6月に「2015年の高齢者介護～高齢者の尊厳を支えるケアの確立に向けて～」報告書が発表された[2]。改正法案は2005年6月成立，翌2006年4月から施行された。改正法の一部は2005年10月から施行されている。

(3) 介護保険制度の今日的課題

介護保険制度を取り巻く今日的な課題としては，① 第一次ベビーブーム世代が高齢者世代となり急激に高齢化が進行すること，② 認知症高齢者の増加，③ 高齢夫婦世帯や高齢者単独世帯の増加，④ 都市部における高齢化，⑤ 介護サービスの担い手の確保と定着などがある。

厚生労働省社会保障審議会介護保険部会では，2012（平成24）年度からの第5期介護保険事業計画に向けて，制度の見直しに向けた基本的な考え方を，平成22年11月に「介護保険制度の見直しに関する意見」として取りまとめた。これをふまえた改正法は，2011年6月に公布されている。

【注】
（1）養老律令では救済の対象となる高齢者は男は60歳以上，女は50歳以上で，配偶者に死別，手足が不自由，養子や世話する者がいない，飢餓状態の者などが対象。
（2）2015年とは，いわゆる「団塊の世代」が65歳以上になる時期であり，高齢化のもっとも急激な上り坂の時期である。

第4章　介護保険制度の基本システム

【本章の学習課題】

- 介護保険制度の仕組み全般について理解する。
- 介護報酬制度について理解する。
- 介護保険事業計画と介護保険財政について理解する。
- 介護サービスの質を保障するための様々な施策について理解する。

1．保険者と被保険者

(1) 保険者

　保険者（＝制度の運営主体）は，基礎的自治体である市町村（東京23特別区を含む）である。保険者は制度要件を満たす者を被保険者として強制加入させ，保険料の徴収等の被保険者管理を行なう。介護保険特別会計を設け，保険料収入や国からの負担金等を財源に保険財政の運営を行ない，保険事故（＝要介護・要支援の状態になること）に対し保険給付（サービスの提供）を行なう。

　小規模自治体の制度運営の安定化や効率化のため，地方自治法に定める広域連合や一部事務組合による運営が認められている[1]。また，保険料収納不足などにより介護保険特別会計に不足が生じた場合，市町村に対し資金を交付・貸付する財政安定化基金（国，都道府県，市町村が3分の1ずつ拠出）が設けられている。

(2) 被保険者

◆ 被保険者の範囲と保険料負担

　介護保険制度の被保険者は表4-1のとおりである。被保険者には「被保険者証」が交付される。

表 4-1 被保険者の範囲と保険料負担

	第1号被保険者	第2号被保険者
加入対象者	65歳以上	40～65歳未満の医療保険加入者
介護保険サービスを利用できる人（受給権者）	要介護者：寝たきりや認知症で介護が必要 要支援者：要介護状態となるおそれがあり日常生活に支援が必要	要介護・要支援者のうち，老化に起因する特定疾患による者
保険料負担賦課・徴収方法	市町村が徴収 市町村ごとに，所得段階別に定額保険料 年金天引きまたは普通徴収 年金額が一定額（1万5千円以上）は年金からの天引き（特別徴収），一定額以下は普通徴収	国保等：所得割，均等割等で按分（国庫負担あり） 健保：標準報酬×介護保険料率別（事業主負担あり） 医療保険者が医療保険料とともに徴収し，納付金として一括納付

注：40～65歳未満の医療保険未加入者（生活保護の被保険者の大多数）は介護保険に加入せず，介護保険を利用する場合は生活保護の介護扶助を受ける。

◆ 住所地主義と住所地特例

住民基本台帳の住所地において被保険者になる。1年以上にわたり介護保険施設入所が予想される場合，被保険者の住所は施設の所在地となる。

住所地特例制度とは，介護保険施設に住所地を変更した場合その市町村の財政負担が重くなるので，住所変更前の市町村を保険者とする制度である。

◆ 保険料

保険者は3年を1期とする介護保険事業計画にもとづいて，給付費の原則2割を賄うため被保険者である高齢者の第1号保険料を設定する。高齢者個人単位で介護保険料は徴収される。老齢年金等の年金額が年間18万円以上の人は年金から天引き（特別徴収）される。第2号被保険者の保険料は，医療保険者が医療保険料と一緒に徴収する。第1号被保険者の月額（基準額）保険料（加重平均）は，第1期（平成12年～14年度）が2,911円，第2期（平成15～17年度）が3,293円，第3期（平成18～20年度）が4,090円，第4期（平成21～23年度）が4,160円である。第4期の保険料は市町村により2,265円から5,770円ま

表4-2 所得段階別保険料（第1号被保険者）

所得段階	対象者	平成20年度末の比率
第1段階	生活保護受給者	2.43%
第2段階	市町村民税非課税世帯，年金収入80万円以下	16.05%
第3段階	市町村民税非課税世帯，年金収入80万円以上	11.05%
第4段階	市町村民税課税世帯，市町村民税本人非課税	32.13%
第5段階	市町村民税本人課税，基準所得200万円未満	22.54%
第6段階	市町村民税本人課税，基準所得200万円以上	15.79%

で，大きな地域間格差がみられる。

第1号被保険者の保険料は所得段階別に定められる（表4-2）。6段階を基本に，市町村の判断で細かくできる。第1号被保険者の保険料は，市町村ごとに介護サービスの整備状況等をふまえ条例で定める。

第2号被保険者（40歳以上65歳未満）の保険料は介護給付費の3割について第2号被保険者数で割り一人当たりの保険料額（基準額）を算出する。「基準額」（第2号被保険者1人あたりの全国均一額）を設定したうえで，各種の医療保険に加入する介護保険制度の被保険者数に応じて介護納付金が割り振られる。そして，医療保険者（協会けんぽ，健保組合，共済組合，国保）が医療保険料に上乗せして介護保険料を一括して徴収する。医療保険者が徴収した介護保険料を社会保険診療報酬支払基金が収納し，これを各市町村が要した介護給付費として（介護給付費の30％の割合となる）交付する。原則として保険料は事業主と被保険者が折半する。

◆ 被保険者数

第1号被保険者数は，介護保険制度開始時の2000（平成12）年4月末時点では2165万人であったが，2010（平成22）年4月末では2895万人であり，高齢化とともに急増している。したがって，表4-3のように介護保険制度のサービス利用者も急速に増えている。

表 4-3　介護保険制度のサービス利用者数

	2000（平成 12）年 4 月	2010（平成 22）年 4 月
サービス利用者数	149 万人	403 万人（170％増）
居宅サービス	97 万人	294 万人（203％増）
地域密着型サービス		25 万人（平成 18 年 4 月創設）
施設サービス	52 万人	84 万人（62％増）

表 4-4　居宅サービスの区分支給限度基準額

要支援度 要介護度	心身の状態の目安（状態像）	支給限度基準額（月額）
非該当（自立）	**社会的支援を要しない状態**：日常生活が自立している。	介護保険サービス利用不可
要支援 1	**社会的支援を要する状態**：日常生活上の基本動作はほぼ自分で行なうことが可能であるが、現在の状態が悪化し、要介護状態にならないよう支援する必要がある。	4 万 9,700 円
要支援 2	**社会的支援を要する状態**：要支援 1 の状態から、日常生活上の基本動作を行なう能力がわずかに低下した状態。	10 万 4,000 円
要介護 1	**部分的な介護を要する状態**：排泄や食事はだいたい 1 人でできる。立ち上がりや歩行が不安定。身だしなみや居室の掃除などの身の回りの動作に何らかの介助や見守りが必要。問題行動や理解の低下がみられることがある。	16 万 5,800 円
要介護 2	**軽度の介護を要する状態**：排泄や入浴などの動作に何らかの介助や見守りが必要。立ち上がりや歩行に何らかの支えが必要。身だしなみや居室の掃除などの身の回りの動作全般に何らかの介助や見守りが必要。いくつかの問題行動や理解の低下がみられることがある。	19 万 4,800 円
要介護 3	**中等度の介護を要する状態**：排泄や入浴などの動作が 1 人でできない。立ち上がりや歩行が自分ではできない。身だしなみや居室の掃除などの身の回りの動作が自分ではできない。いくつかの問題行動や理解の低下がみられることがある。	26 万 7,500 円
要介護 4	**重度の介護を要する状態**：排泄や入浴などの動作がほとんど 1 人ではできず、介助が必要。立ち上がりや歩行が自分 1 人ではできない。身だしなみや居室の掃除などの身の回りの動作が自分 1 人ではできず、介助が必要。多くの問題行動や理解の低下がみられることがある。	30 万 6,000 円
要介護 5	**最重度の介護を要する状態**：意思の伝達が困難。生活全般について全面的介助が必要。多くの問題行動や全般的な理解の低下がみられる。	35 万 8,300 円

表4-5　食費・居住費（滞在費）の基準費用額

全額自己負担した場合の平均的な費用の額（基準費用額）	1日あたりの居住費				1日あたりの食費
	ユニット型個室	ユニット型準個室	従来型個室	多床室	
	1970円	1640円	1640円（ただし，介護老人福祉施設と短期入所生活介護は1150円）	320円	1380円

注：居住費に関し，ユニット型個室，ユニット型準個室，従来型個室は室料及び光熱水費相当額，多床室は光熱水費相当額。

◆ サービス利用料の自己負担

　介護保険制度では，サービス利用料の1割負担を原則としている。居宅サービスの場合，要介護度ごとに「区分支給限度基準額」（表4-4）が設定され，その範囲内での利用は全額が保険給付の対象となり，実際の利用額の1割を自己負担する。限度額を超えて利用すると，その部分は全額自己負担である。居宅サービス計画費等のケアプランの作成である居宅介護支援及び居宅介護予防支援の費用は10割給付であり利用者負担はない。

　なお，介護保険施設の入所等では食費や滞在費（居住費），さらに日常生活費が求められる（表4-5）。

2．介護報酬制度の仕組み

(1) 介護報酬制度

　介護報酬は，居宅サービス事業者や介護保険施設等が保険給付として提供したサービスの対価として支払われる。厚生労働大臣が「居宅サービス」「施設サービス」「居宅介護支援・介護予防支援」「介護予防サービス」「地域密着型サービス」の種類ごとに，①サービスの内容や提供体制，②高齢者の要介護度，③サービスの提供時間または回数・日数，④地域等の要素の組み合わせによって基準を定めている。介護報酬単価は「単位」で示され，1単位が10円に

相当する。都市部や離島・山村等では高く設定されている。また、介護報酬制度には様々な加算・減算の仕組みがある。

(2) **事業者が介護報酬を受け取るまで**

　居宅サービス事業者や介護保険施設等は月々に提供したサービスの単位数を計算し、その1割を利用者負担として本人から徴収し、残りの9割について各都道府県から委託を受けた国民健康保険連合会に請求する。

　居宅サービスについては、国民健康保険連合会は居宅介護支援事業者から提出を受けた「給付管理票」と、サービス事業者から受け取った「請求書」を照合し、適正であれば介護報酬（通常は介護費用の9割）を事業者に支払う。介護保険施設については、施設サービス計画に基づいてサービスが提供され、当該施設は「介護給付費請求書」と「介護給付費請求明細書」を国民健康保険連合会に提出し、審査後適正な場合、支払が行われる。

　居宅介護支援事業者は国民健康保険連合会に「給付管理票」と介護報酬（居宅介護支援費）の「介護給付費請求書」と「介護給付費請求明細書」を提出し、居宅介護支援の介護報酬の給付（10割）を受ける。

(3) **介護報酬の改定**

　介護報酬は介護保険制度発足以来、数回にわたって改定されている。介護報酬の改定頻度は法令等で明確にされていないが、基本的には市町村が介護保険事業計画を改定する3年ごとに見直され、2005（平成17）年10月改定は、主として国の財政上の都合による例外的な改定であった。2009（平成21）年4月の改定は、福祉・介護サービス人材の確保困難等の理由から、介護保険制度開設以来はじめて介護報酬単価が3％引き上げられた。

3. 介護保険事業計画と介護保険財政

(1) 介護保険事業計画・介護保険事業支援計画

　介護保険制度の円滑な運営と介護サービス基盤の計画的整備のため，国はサービスの提供体制確保に関する基本指針を定める。この基本指針に即して，3年を1期とする市町村介護保険事業計画，都道府県介護保険事業支援計画が定められる。

　市町村介護保険事業計画は，日常生活圏域を定め要介護者や要支援者の人数，サービスの利用意向などを勘案して，① 介護サービスや地域支援事業の種類ごとの見込み量と見込み額，必要利用定員総数の設定，② 当該見込み量の確保のための方策，③ 事業者間の連携の確保等を定める。

　都道府県介護保険事業支援計画は介護給付等のサービスの種類ごとの見込み量を定めるための圏域を定め，市町村間の介護サービス基盤整備の広域的調整を行う。計画には① 圏域ごとの介護保険施設の種類ごとの必要入所定員総数や居宅サービスの見込み量，② サービスの見込み量に関する施設整備計画，③ 介護支援専門員等人材確保や資質の向上策，④ 施設間の連携の確保等を定める。

　第5期（平成24～26年度）では，地域包括ケアの実現を目指すため，新たに日常生活圏域のニーズの把握，加えて認知症支援策の充実，在宅医療推進（医療との連携），高齢者に相応しい住まいの計画的整備，見守りや配食等の多様な生活支援サービスの提供についても計画することとされている。

(2) 介護保険財政

　介護給付に必要な費用は，サービス利用時の利用者負担を除く給付費の50％が公費で賄われる。居宅給付費は国が全体の25％，都道府県が12.5％，市町村が12.5％である。施設給付費（介護老人福祉施設，介護老人保健施設，介護療養型医療施設，特定施設に係る経費）は国が全体の20％，都道府県が

表4-6 介護保険制度の財政構造

	保険料	税金等公費
居宅給付費 介護予防事業	第1号保険料：20.0% 第2号保険料：30.0%	国：20.0% 国（調整交付金）：5.0% 都道府県：12.5% 市町村：12.5%
施設給付費 （介護保険施設・特定施設分）	第1号保険料：20.0% 第2号保険料：30.0%	国：15.0% 国（調整交付金）：5.0% 都道府県：17.5% 市町村：12.5%
包括的支援事業 任意事業	第1号保険料：20.0%	国：40.0% 都道府県：20.0% 市町村：20.0%

表4-7 介護保険財政の動向（実績値）

	2000 （平成12） 年度	2002 （平成14） 年度	2004 （平成16） 年度	2006 （平成18） 年度	2008 （平成20） 年度
保険給付総費用 （利用者負担含む）	3.6兆円	5.2兆円	6.2兆円	6.4兆円	6.9兆円
給付費 （利用者負担分を除く）	3.2兆円	4.6兆円	5.6兆円	5.9兆円	6.4兆円
1ヶ月平均の給付費	2936億円	3855億円	4602億円	4669億円	5062億円

出所：厚生労働省「平成20年度介護保険事業状況報告」平成22年6月

17.5%，市町村が12.5%である（表4-6）。

　市町村間の介護保険財政力の格差を調整するため「調整交付金」制度がある。調整交付金は，後期高齢者の加入割合の相違，第1号被保険者の所得水準の格差，災害等による保険料減免が必要な特殊な場合に交付される。

(3) 介護保険財政の動向

　介護保険制度の保険給付（利用者負担分を含めた介護給付と予防給付）の総費用は，2000（平成12）年度実績で3.6兆円であったが，増加を続け2008（平

成20)年度では6.9兆円となっている。制度創設以降，予算規模で約2倍になっている。1ヶ月平均の給付費についても，2000（平成12）年度の2936億円から2008（平成20）年度には5062億円にまで膨れ上がっている（表4-7）。

4．介護サービスの質の確保

介護保険制度は高齢者とサービスを提供する事業者との契約によって成り立つ。質の高いサービスを適切に提供するには，高齢者の利害関係をサポートするための仕組みが必要である。

(1) サービスの苦情への対応

◆ 事業者の対応

事業者には，介護保険法にもとづき，提供するサービスの質の評価等を行なうなど，常に利用者の立場に立ったサービス提供の努力義務がある。社会福祉法第5条でも「社会福祉を目的とする事業を経営する者」は利用者の意向を十分に尊重するよう規定され，社会福祉法第82条では，利用者等の苦情に対して適切な解決に努める責務を規定している。

◆ 市町村の対応

市町村の介護保険所管課や苦情相談窓口において，利用者からの苦情を受け付ける。地域密着型サービスは市町村が直接，指導・監督する権限をもち，その他のサービスについてもサービス事業者などに対し文書等の提出を求め照会する権限をもっている。

◆ 都道府県社会福祉協議会の運営適正化委員会

苦情の申し出について相談に応じ，必要な助言をするとともに苦情に係る事情を調査しなければならない。

◆ 国民健康保険連合会による苦情処理

国民健康保険連合会には，サービス事業者に対する介護報酬の審査・支払に加え，サービスの質の向上に関する調査や事業者に対する指導・助言，苦情処

理等の業務が規定されている。苦情に関しては，中立構成な立場で活動できる学識経験者などの「苦情処理委員」が対応に当たり，事業者に運営基準に違反していると疑われる場合には都道府県に連絡することとされている。

(2) **保険料徴収や要介護認定に関する苦情への対応**
◆介護保険審査会への審査請求

保険料徴収や要介護認定に関する被保険者からの苦情や不服は，基本的には市町村が対応に当たる。そこで納得や解決が得られない場合，都道府県ごとに設置された介護保険審査会に審査請求することになる。一般的には，行政庁による行政処分の不服に対しては簡易・迅速な権利救済手段である行政不服審査法で対応する。しかしながら，介護保険制度では行政処分（要介護認定のこと）が多数であること，特定の保険事業に関することから，行政不服審査法の例外として，専門の第三者機関である「介護保険審査会」で対処する。審査対象は「保険給付に関する事項」「保険料その他介護保険法の規定による徴収金に関する事項」である。審査請求は，処分の結果を知った翌日から起算して60日以内に文書または口頭で，都道府県の介護保険審査会に行なう。

◆介護保険審査会の構成と運営

都道府県の附属機関として設置される介護保険審査会は，中立性と公平性が求められる。都道府県知事の指揮監督を受けないが，委員の任命権者は知事であり事務は介護保険主管部局が担当する。

介護保険審査会の委員は，被保険者を代表する委員（3人），市町村を代表する委員（3人），そして公益代表の委員（3人以上）で組織される。委員は非常勤の特別職地方公務員であり，守秘義務が課せられる。3年任期で，再任が可能である。公益代表委員のうちから委員が選挙する会長が1人おかれる。

審査請求の内容により，審査する介護保険審査会が設置する合議体の構成は異なる。要介護認定・要支援認定以外の審査請求は，会長を含む公益代表委員，被保険者代表委員，市町村代表委員各3人で構成される合議体が取り扱う。要

介護認定・要支援認定に関する審査は，公益代表委員3人からなる合議体において取り扱う。なお，保健・医療・社会福祉の学識経験者を専門調査員としておくことができる。専門調査員は知事が任命する非常勤の特別職地方公務員であり，審査委員と同様に守秘義務が課せられる。審査請求のあった日から3ヶ月以内に裁決しなければならない。

(3) 介護サービス情報の公表制度

　介護サービスを選ぶ際の情報の提供が目的である。介護サービス情報は基本情報と調査情報に分けられる。基本情報は事業者の連絡先，交通アクセス，職員体制や利用料金，サービス提供時間等である。調査情報は介護サービスマニュアルの有無や職員研修の実績，記録管理の有無等である。都道府県が指定した「指定情報公表センター」により公表される。指定情報公表センターは都道府県社会福祉協議会等が委託されている。

(4) 事業者と介護支援専門員の更新制度

◆ 事業者の指定更新制度

　サービスの質保障の観点から，居宅サービス事業者の指定更新制度が導入された。事業者指定の有効期間は6年である。指定の欠格事由に抵触しないこと，指定基準への適合状況や改善命令を受けた履歴等が確認され，指定の欠格事由に抵触する等の適正な事業運営が認められない場合，指定の更新が拒否される。この他，事業者への行政指導は次のとおりである。

◆ 事業者への行政指導

　都道府県や市町村の指導・監督の実効性確保のため，「業務改善勧告」「業務改善命令」「業務の停止命令」「処分の公表」の処分権限が追加されている。

　また，居宅サービス事業者の不正事案の再発を防止し，介護サービス事業を適正に運営するために次のような法改正を実施した。

【事業者への行政指導】
○報告等の請求：都道府県知事または市町村長は，事業者等に対し報告・帳簿書類の提出・出頭を求め，あるいは都道府県職員による関係者への質問，事業所への立ち入り検査ができる。
○勧告・命令：都道府県知事は事業者が遵守すべき人員基準，設備基準，運営基準に従った事業運営が行われていないと認めるときは，基準を遵守するよう勧告できる。
正当な理由なく勧告に係る措置をとらなかったときは，勧告に従うように命令できる。
○指定の取り消し：都道府県知事は，指定の取り消しまたは期間を定めてその指定の全部若しくは一部を停止できる。

【事業者規制の強化】
○業務管理体制の整備・届出：法令遵守責任者の選任，法令遵守規程の整備，業務執行状況の監査等の業務管理体制の整備・届出。（事業所規模により態様は異なる。）
○事業の休止・廃止届：「休止・廃止後10日以内」から「休止・廃止予定日の1月前まで」に変更。
○休止・廃止時の利用者へのサービス確保を義務化。
○指定取り消しの連座制：取り消し理由となる不正行為に，法人の組織的関与が確認された場合，連座制を適用。

◆ 介護支援専門員の更新制度

　介護保険法において，介護支援専門員には「介護支援専門員の登録（資格登録の法定化）」「介護支援専門員の資格の更新制」が定められた。資格の更新制に関しては，都道府県知事が交付す介護支援専門員証の有効期間が5年間であり，更新するには都道府県が行なう講習を受講しなければならない。

5．利用者負担の軽減および低所得者対策

(1) 利用者負担の軽減

◆ 保険料負担への配慮

　介護保険料は所得段階別の保険料方式を採用し，低所得者の保険料負担を軽減する仕組みが採用されている。この他，災害等により一時的に負担能力が低下した場合，市町村は条例により第1号被保険者の保険料の減免・徴収猶予が可能である。また，市町村は保険料の単独減免の措置として，低所得者に対し

表4-8 高額介護(介護予防)サービス費の所得区分ごとの負担上限額

所得区分	世帯上限額
下記に該当しない場合(利用者負担第4段階)	3万7,200円
① 市町村民税世帯非課税である場合(利用者負担第3段階) ② 2万4,600円への減額により生活保護被保護者とならない場合	2万4,600円
(1) 市町村民税世帯非課税で,公的年金等収入額と合計所得金額の合計が80万円以下(利用者負担第2段階) (2) 市町村民税世帯非課税で老齢福祉年金受給者	1万5,000円(個人)
①生活保護の被保護者 ②上限額を1万5,000円へ減額することで被保護者とならない場合	1万5,000円(個人) 1万5,000円

て独自の減免を実施することができる。

◆ 利用料負担の軽減

2008(平成20)年4月より,医療保険の高額療養費制度と同様に,利用者負担の軽減措置として,「所得区分ごとの負担上限額」(自己負担基準額)を超えて高額となる場合,その超えた分について市町村が高額介護(介護予防)サービス費として払い戻すこととなった。

さらに,「高額医療・高額介護合算制度」として,高額介護(介護予防)サービス費などの適用を受けてもなお,1年間の医療および介護を合わせた負担額が高額になる場合,一定の上限額を超える分を払い戻す制度が設けられている。

(2) 低所得者への配慮

介護保険施設における食費・滞在費は保険給付の対象外であり,利用者負担となっている。低所得高齢者のために,食費・居住費の負担軽減を図るための補足給付として「特定入所者介護サービス費」がある(表4-9)。「特定入所者認定証」をサービス利用時に提示すれば,利用者の所得段階に応じた負担限度額が適用される。

介護保険施設の居住形態ごとの特定入所者の利用者負担段階区分は表4-10

表4-9 特定入所者介護サービス費

第1段階	市町村民税世帯非課税である老齢福祉年金受給者，生活保護受給者，境界層該当者	
第2段階	市町村民税世帯非課税	① 合計所得金額＋課税年金収入額＜年額80万円　年金収入のみの場合は年額80万円以下　② 境界層該当者
第3段階	① 利用者負担第2段階に該当しない人　② 境界層該当者	
第4段階	第1，第2，第3段階のいずれにも該当しない者	

表4-10 食費・居住費（滞在費）の特定入所者負担限度額

利用者負担段階区分	対象者	1日あたりの居住費				1日あたりの食費
		ユニット型個室	ユニット型準個室	従来型個室	多床室	
第1段階	① 全世帯員住民税世帯非課税世帯の老齢福祉年金受給者　② 生活保護受給者　③ 境界層該当者	820円	490円	490円（介護老人福祉施設と短期入所生活介護は320円）	0円	300円
第2段階	① 住民税世帯非課税世帯で合計所得金額および課税年金収入額の合計が80万円以下の者　② 境界層該当者	820円	490円	490円（介護老人福祉施設と短期入所生活介護は420円）	320円	390円
第3段階	① 住民税世帯非課税世帯で利用者負担第2段階以外の者　② 境界層該当者	1,640円	1,310円	1310円（介護老人福祉施設と短期入所生活介護は820円）	320円	650円

のとおりである。

　さらに，社会福祉法人等による利用者負担軽減制度がある。これは，社会福祉法人等が利用料，食費，居住費の利用者負担を軽減することに対して，その

一部を市町村が助成する制度である。

【注】
（1）広域連合とは，地方自治法にもとづく特別地方公共団体。介護保険制度や後期高齢者医療制度等，市町村が共同して，特定の行政分野の行政事務を執行するための機関。連合長や連合議会に対する住民の解職請求等が制度化されている。
一部事務組合とは，消防やゴミ処理等，広域的に展開することで効率性が確保される事業等を市町村が共同で執行する地方自治法上の特別地方公共団体。広域連合とは異なり，住民による管理者や議会に対する解職請求権がない。

第5章　介護保険制度における高齢者支援の方法

【本章の学習課題】

- 要介護認定・要支援認定の仕組みについて理解する。
- 介護サービス計画の仕組みについて理解する。
- 介護サービスの利用手続きについて理解する。

1．要介護認定・要支援認定

(1) 要介護認定・要支援認定のプロセス

◆ 申請から認定までのプロセス

表5-1　申請から認定までのプロセス

○**申請**；本人や家族が介護保険証を添えて「要介護認定申請書」を市町村の窓口に提出。（申請主義）
　↓
○**心身の状態の調査**；市町村による訪問調査，主治医意見書を作成依頼
　◇**認定調査**；市町村の認定調査員が家庭等を訪問し「介護サービス調査票」にもとづいて，心身の状態を調べる。食事や入浴等日常生活動作について聞き取り。
　◇**主治医意見書**；主治医や市町村指定医師の診断を受け，医師の意見書を市町村の窓口へ提出。
　↓
○**要介護認定・要支援認定**；どのくらい介護の労力が必要か審査し，認定する。
　◇**「一次判定（コンピュータ判定）」**；認定調査（聞き取り調査）により作成した介護サービス調査票のデータにもとづきコンピュータによる判定。どの程度の介護サービスが必要かを示す指標として5つの分野ごとに計算される「要介護認定等基準時間」の長さによって示される。
　◇**「二次判定（審査会判定）」**；「一次判定」結果や医師の意見書を参考にしながら，介護認定審査会による所見を加味して判定。専門家からなる審査会において，一次判定結果，認定調査の特記事項，主治医意見書を用いた審査が行われる。要介護度ごとに示された複数の「状態像の例」を勘案しながら最終判定（二次判定）を行なう。
　↓
○**認定**；審査会の判定をもとに，市町村が要介護度の認定を行なう。市町村による決定および通知。

介護保険制度の諸サービスを利用するには，要介護・要支援状態に該当するかどうか，どの程度の状態かを確認するための認定を受ける。認定は市町村等に設置される介護認定審査会が行なう。

◆ 認定の申請

要介護認定を受ける被保険者は，申請書に被保険者証を添付して市町村に申請する。要介護認定の申請に不適切な事例があったため，改正介護保険制度では認定申請の代行者は限定されるようになった[1]。

◆ 認定調査および主治医の意見書

市町村は，被保険者の心身の状況や環境等について面接訪問調査を行なう。認定調査員は，市町村職員である福祉事務所のケースワーカーや保健センターの保健師等で，全国共通の調査票により訪問調査を行なう。市町村は，この調査を指定居宅介護支援事業者または介護保険施設に委託できる。受託事業者は認定調査員研修を終了した介護支援専門員により調査する。

認定調査は，「概況調査」「基本調査」「特記事項」から構成される。「概況調査」は，対象者の概況，現在受けているサービス，家族環境や住宅環境等を把握する。「基本調査」は，身体機能・起居動作，生活機能，認知機能，精神・行動障害，社会生活への適応，過去14日間に受けた特別な医療（処置内容等）である。「特記事項」は調査員により記載される。

面接による認定調査結果について，コンピュータで「一次判定」する。「一次判定」を補うものとして，認定調査員が記入する「特記事項」と「主治医意見書」がある。「主治医意見書」には傷病に関する意見，特別な医療や心身の状態に関する意見，生活機能とサービスに関する意見，特記事項が記載される。主治医がいない場合，「市町村が指定した医師」が意見書を記載する。

要介護認定における一次判定項目は表5-2のとおりである。また，要介護度等の区分に対応した状態像ならびに基準時間は表5-3のとおりである。

◆ 介護認定審査会による審査および判定（二次判定）

市町村は，認定調査結果および主治医の意見等を介護認定審査会に通知し審

表5-2 要介護認定における一次判定項目

直接生活介助	入浴，排泄，食事等の介護
間接生活介助	洗濯，掃除等の家事援助等
BPSD関連行為	徘徊に対する探索，不潔な行為に対する後始末等
機能訓練関連行為	歩行訓練，日常生活訓練等の機能訓練
医療関連行為	輸液の管理，褥瘡の処置等の診療の補助等

表5-3 要介護認定等の状態像の区分と基準時間

区　分	状　態	要介護認定等基準時間
要支援1	社会的支援を要する状態	25分以上32分未満
要支援2	社会的支援を要する状態	32分以上50分未満
要介護1	部分的な介護を要する状態	
要介護2	軽度な介護を要する状態	50分以上70分未満
要介護3	中等度の介護を要する状態	70分以上90分未満
要介護4	重度の介護を要する状態	90分以上110分未満
要介護5	最重度の介護を要する状態	110分以上

査と判定を求める。介護認定審査会は，原則として市町村ごとに設置され，保健・医療・福祉に関する学識経験を有する者のなかから市町村長が任命した5名程度のメンバーによって，合議により審査・判定を行ない市町村に通知する。

なお，介護認定審査会は，①要介護状態の軽減または悪化の防止のために必要な「療養に関する事項」，②サービスの適切かつ有効な利用等に関し「当該被保険者が留意すべき事項」について意見を述べることができる。市町村は配慮する努力義務が課せられている。

◆ 市町村による決定と通知

市町村は介護認定審査会の審査および判定の結果にもとづき，要介護・要支援の認定あるいは不認定を行い，その結果を被保険者に通知する。被保険者証に要介護認定・要支援認定の結果を記載する。認定の効力は申請日に遡って有効であり，この間に利用した分は事後的に払い戻しされる。

なお，申請に対する決定は30日以内に行なわれなければならない。

(2) 要介護認定・要支援認定の基準

全国共通の客観的基準として，厚生労働大臣が要介護認定基準および要支援認定基準を定める。要介護認定・要支援認定の区分は，「要支援」が2区分，「要介護」が5区分である。介護保険法における要介護者，要支援者の定義は，表5-4のとおりである。

表5-4　要介護者・要支援者の定義

要介護者とは	要支援者とは
身体上又は精神上の障害があるために，入浴，排泄，食事等の日常生活における基本的な動作の全部又は一部について，厚生労働省令で定める期間にわたり継続して，常時介護を要すると見込まれる状態であって，その介護の必要の程度に応じて厚生労働省令で定める区分（要介護状態区分）のいずれかに該当する者。 「一定の期間」とは6ヶ月程度。	身体上又は精神上の障害があるために，入浴，排泄，食事等の日常生活における基本的な動作の全部又は一部について厚生労働省令で定める期間にわたり，継続して常時介護を要する状態の軽減若しくは悪化防止にとくに資する支援を要すると見込まれ，又は身体上若しくは精神上の障害があるために厚生労働省令で定める期間にわたり継続して日常生活を営むのに支障があると見込まれる状態にある者。 ・要支援状態にある65歳以上の者 ・要支援状態にある40歳以上65歳未満の者であって，その要介護状態となるおそれがある状態の原因である身体上又は精神上の障害が，特定疾患によって生じた者

(3) 認定の更新と取り消し

認定の有効期間は通常は6ヶ月であるが，状態に応じて3ヶ月～5ヶ月以内で介護認定審査会の定める期間となる。更新の有効期間は1年間で，介護認定審査会が必要と認める場合，3ヶ月～2年の範囲で短縮や延長ができる。更新の申請は有効期間満了の6ヶ月前から可能である。災害等やむをえない事情でできない場合は，その事情が解消後1ヶ月以内となっている。

認定区分の変更の申請は，認定の有効期間中でも可能である。手続きは基本

的には要介護認定手続きの手順と同様である。また，市町村は，有効期間満了前でも，職権により区分の変更ができる。

(4) 要介護認定・要支援認定者数の推移

要介護（要支援）認定者数は介護保険制度開始時には約218万人であったが，その後急速に増加している。2009（平成21）年4月末では469万人である。その内訳は介護保険事業状況報告によると，要介護1が78.8万人，要介護2が82.3万人，要介護3が73.8万人，要介護4が59万人，要介護5が51.5万人である。要支援2は66.2万人，要支援1が57.5万人である。2000（平成12）年4月に比べると，要支援2と要支援1および要介護1が140％と著しく増加している。

2．介護サービス計画（ケアプラン）

(1) 介護サービス計画とケアマネジメント

◆ 介護保険制度におけるケアマネジメント

介護保険制度ではサービスを提供するための「計画」の策定を求めている。介護支援専門員を中心に専門家チームが，高齢者やその家族の相談に応じ，そのニーズを把握した上で，「介護サービス計画（＝ケアプラン）」を作成する。サービス提供事業者と連絡調整を行ない，利用者本位の適切なサービス利用につなげる。要介護認定・要支援認定の判定結果により利用できるサービスの総量（利用額の上限）が決まるので，それを上限に実際のサービス利用計画が立案される。ケアマネジメントとは，サービス計画作成に関連する一連のプロセス，そしてサービスの受給者である高齢者や家族，事業者，行政などとの連絡・調整等のサービス全般の包括的マネジメントのことである。ケアマネジメントは介護保険制度にとって要となるシステムである。

◆ 介護サービス計画の種類

介護サービス計画は，居宅サービスを利用するための居宅サービス計画，介

護保険施設入所によって作成される施設サービス計画に大別される。この他に，要支援者対象の介護予防サービス計画などがある。居宅サービス計画は利用者自身も作成できるが，実際は居宅介護支援事業所の介護支援専門員に作成してもらう。要介護者については居宅介護支援事業所が居宅介護支援として居宅サービス計画を，要支援者については地域包括支援センターが介護予防支援として介護予防サービス計画を作成する。

居宅サービス計画は要介護者の心身の状況，生活環境，本人の意向などを勘案して作成される。居宅サービスが適切に提供されるように事業者との連絡調整を行なうとともに，当該計画にもとづいたサービス提供の確認を行なう。居宅サービス利用者が介護保険施設に入所する場合，介護保険施設の紹介その他必要なサービスを提供する。介護予防サービス計画についても，要支援者の希望，目標とする生活，サービス内容などを勘案して作成される。

(2) 居宅サービス計画

◆ 居宅サービス計画の作成プロセス

要介護認定の結果の通知を受けた被保険者は，居宅介護支援事業所に居宅サービス計画の立案を依頼する。居宅サービス計画の立案とサービス提供のプロセスは，表5-5のとおりである。

◆ 居宅介護支援事業所

居宅介護支援事業所には法人格が求められ，医療法人，社会福祉法人，民間企業，農協，生協，NPO法人等でなければならない。最低1人以上，利用者数35人ごとに1人の常勤の介護支援専門員が必要であり，管理者は常勤の介護支援専門員が配置されていなければならない。

居宅介護支援事業所の多くは居宅サービス事業所を併設している。特定の事業者にサービスの依頼が集中しないように，介護報酬における特定事業所集中減算制度がある。職員配置が充実し，高い要介護度の高齢者を多く擁している事業者には特定事業所加算制度が適用される。

表5-5 居宅サービス計画の作成プロセス

1	**利用者・家族に対する適正な情報提供** 居宅サービス事業者などのサービス内容や利用料金等の情報をわかりやすく利用者や家族に提供。利用者や家族の適切なサービスの選択を支援。
2	**利用者の抱える生活上の課題の把握・分析（アセスメント）** 利用者の自宅を訪問・面接し，利用者の心身の状況，生活環境，受給中のサービスの有無等から日常生活上の課題を把握。
3	**居宅サービス計画の作成，サービス担当者会議の開催** 医療保健福祉サービスが適切に利用できるように，また利用者や家族の希望やアセスメント結果にもとづいて，居宅サービス計画の原案を作成する。留意点は，利用者の健康上生活上の問題点と解決課題，サービス目標および達成時期，長期目標および短期目標，中立・公平な視点，保険給付のほか市町村の一般保健福祉サービス，インフォーマルサービスを組み入れることなどである。 ケアプラン原案をもとに，サービス担当者会議を開催しサービスの提供体制を調整する。利用者の日常生活全般を支援する観点から，介護保険制度以外のサービスも含めることにより，総合的なプランになるように努める。 作成したケアプランは，利用者や家族に説明し同意を得なければならない。
4	**サービス利用手続きの支援** 適切にサービス提供が行なわれるよう，介護支援専門員はサービス提供事業者との連絡調整を行なう。
5	**ケアプランの実施状況の把握（モニタリング）** ケアプランにもとづくサービス提供が行なわれているか，利用者や利用者が抱える課題に変化がないか等をモニタリングし，変化に応じてケアプランを見直してサービス事業者等と連絡調整する。 モニタリングにあたっては，主治医やサービス提供事業者等と継続的に連絡を取り合うとともに，少なくとも月1回は利用者の自宅を訪問して面接を行ない，3ヶ月に1回はその結果を記録する。

(3) 介護予防サービス計画

　要支援認定を受けた高齢者は介護予防サービス計画を立案するために，地域包括支援センターと契約を結び計画の立案を依頼する。保健師や主任介護支援専門員が訪問調査し，本人の心身の状況等をふまえつつ原案を作成，利用者の同意を得て，介護予防サービス計画を作成する。

　なお，地域包括支援センターは，申し込み受付，契約，介護報酬の請求以外の事務は，居宅介護支援事業者に委託できる。介護予防サービス計画の立案と

サービス提供のプロセスは居宅サービス計画と同じである。異なる点は，① 課題分析（アセスメント）において，生活機能の低下の背景，原因，課題分析を行なうこと。② 評価（モニタリング）においては事業所から事後アセスメント結果を受けて，地域包括支援センターが評価を行ない，「維持」「悪化」「改善」の別に次のサービス・事業につなげること等である。

(4) 施設サービス計画

　介護保険施設や認知症グループホームにも介護支援専門員は必ず配置される。施設サービス計画は，被保険者の要介護度に応じた利用限度額，家族の状況，本人や家族の希望等を考慮して作成される。最終的には本人の同意を得て計画が作成される。

　利用者や家族の希望を施設サービス計画に反映してサービスを提供する。生活が単調にならないように，利用者の希望に応じてボランティアの関わりに配慮する等の工夫も必要である。

表5-6　施設サービス計画の作成プロセス

1	課題分析（アセスメント）の実施 利用者，家族と面接し，状態を十分に把握する。
2	施設サービス計画の原案の作成 利用者や家族の意向をふまえ，生活全般の目標だけではなく，機能訓練，看護，介護，食事等についても具体的な目標や達成すべき時期を設定。施設でのサービスだけではなく，ボランティア等の地域のサービスも位置づける。
3	サービス担当者会議の開催 目標を達成するために，医師や生活指導員，介護職，看護職等複数の職種から意見を聴取する。
4	施設サービス計画の説明，同意 作成したケアプランを文書で，利用者や家族に説明し，交付する。
5	ケアプランの実施状況の把握 作成後も継続して利用者や家族と連絡を取り，介護職員とも連携してサービスを評価しプランを見直す。 また，在宅復帰が可能かについても定期的に検討し，地域の関係機関と連携をとる。

3．サービスの利用手続き

(1) サービス提供事業者との利用契約

利用者がサービス提供事業者を選択し，契約を交わしてサービスを利用する。居宅サービス計画が決定したら，介護支援専門員が計画に従って介護サービスを提供する事業者と調整し，介護サービスを受ける本人と居宅サービス事業者が契約を結ぶ。介護サービス計画はいつでも変更が可能である。

(2) サービス提供事業者の重要事項説明書

事業者は事業目的や運営方針，従事者の職種や数，職務の内容，営業日や時間，サービス内容と利用料等の費用額，サービスの実施地域，緊急時等の対応方法等の運営に関する重要事項を定めることが義務付けられている。事業者はあらかじめ利用申込者または家族に「重要事項説明書」を渡して説明し，サービス提供の開始について利用申込者の同意を得なければならない。

(3) 介護サービスの受給と自己負担分の支払

利用者は，毎月，受給した介護サービス費の1割を自己負担分として事業者に支払う。居宅サービスについては，要介護度ごとに「区分支給限度基準額」が設けられている。この「区分支給限度基準額」を超えてサービスを受けた場合，超える分の費用は全額利用者負担となる。なお，施設サービスは「区分支給限度基準額」は設定されず，要介護度別に1日の給付額が設定され，その1割が利用者負担となる。

【注】
（1）要介護等の認定の申請ができるのは次の者に限られた。本人，成年後見人，家族・親族等，民生委員，介護相談員等，指定居宅介護支援事業者，地域密着型介護老人福祉施設，介護保険施設（それぞれの指定基準に違反したことがない事業者・施設のみ），地域包括支援センター。

第6章　介護保険制度の居宅サービス・地域密着型サービス・入所型サービス

【本章の学習課題】

- 介護保険制度にもとづく各種サービスの全体像を把握する。
- 居宅サービスの概要について理解する。
- 地域密着型サービスの概要について理解する。
- 入所型サービスの概要について理解する。

1．介護保険制度によるサービスの概要

(1) 介護保険制度におけるサービスの類型

◆ 保険給付の種類

　社会保険制度である介護保険制度では，提供されるサービスのことを保険給付という。保険給付は，要介護者に介護給付，要支援者に予防給付，そして市町村特別給付[1]の3つがある。市町村特別給付は，市町村が独自に，条例に定めることにより任意に実施するサービスのことである。

◆ 指定サービス以外のサービス

　介護保険制度の主な保険給付は，都道府県知事（地域密着型サービスについては市町村長）の指定を受けた事業者が提供する指定サービスである。指定サービス以外のサービス類型には次がある。

　特例サービスとは，認定の効力が発生した日よりも前に，緊急その他やむを得ない理由で指定サービスを受けた場合で，市町村が認めたものである。基準該当サービスとは，事業者指定の人員基準や設備・運営基準のすべてを満たしているわけではないが，そのうちの一定の基準を充足していると認められる事業者によるサービスである。相当サービスとは，指定サービスや基準該当サー

表 6-1　高齢者類型別の介護保険サービスの分類

高齢者類型	保険給付等	サービス・事業
要介護者	介護給付 （介護サービス）	居宅サービス，住宅改修，地域密着型サービス，居宅介護支援，施設サービス
要支援者	予防給付 （介護予防サービス）	居宅サービス，介護予防住宅改修，地域密着型介護予防サービス，介護予防支援
2次予防事業対象者	介護予防事業	通所型介護予防事業，訪問型介護予防事業

ビスの確保が著しく難しい離島や中山間地などで，指定サービス・基準該当サービス以外のサービスまたはそれに相当するサービスを受けた場合で，市町村が認めたサービスである。

◆ 高齢者類型による介護保険サービスの分類

現在の介護保険制度のサービスは，要介護者，要支援者，介護予防のための2次予防事業の対象者の高齢者類型から，表6-1のように大きく3つに分類できる。

居宅サービスには介護給付と予防給付がある。要介護者には介護給付，要支援者には予防給付が提供される。施設サービスは介護給付のみである。介護予防サービス（予防給付）の対象は要支援1，要支援2の被保険者である。日常生活上の基本動作がほぼ自立していて，状態の維持と改善を目標にサービスが提供される。

介護予防事業は要支援，要介護になることを防ぐための事業であり，地域包括支援センターにおいて介護予防サービス計画が作成される。「地域支援事業」として実施され，その財源は介護保険の財源構成と同じである。この他に，市町村がサービス事業者を指定・監督する地域密着型サービスがある。

(2) 介護保険制度の諸サービス

現在の介護保険制度に基づくサービスのあらましは次の表6-2のとおりである。

表6-2 介護保険制度の諸サービス

	予防給付におけるサービス	介護給付におけるサービス
都道府県が指定・監督するサービス	【介護予防サービス】 ○訪問サービス：介護予防訪問介護，介護予防訪問入浴介護，介護予防訪問看護，介護予防訪問リハビリテーション，介護予防居宅療養管理指導 ○通所サービス：介護予防通所介護，介護予防通所リハビリテーション ○短期入所サービス：介護予防短期入所生活介護，介護予防短期入所療養介護 ○介護予防特定施設入居者生活介護 ○介護予防福祉用具貸与 ○特定介護予防福祉用具販売	【居宅サービス】 ○訪問サービス：訪問介護，訪問入浴介護，訪問看護，訪問リハビリテーション，居宅療養管理指導 ○通所サービス：通所介護，通所リハビリテーション ○短期入所サービス：短期入所生活介護，短期入所療養介護 ○特定施設入居者生活介護 ○福祉用具貸与 ○特定福祉用具販売 【居宅介護支援】 【施設サービス：介護保険施設】 ○介護老人福祉施設 ○介護老人保健施設 ○介護療養型医療施設
市町村が指定・監督するサービス	【介護予防支援】 【地域密着型介護予防サービス】 ○介護予防小規模多機能型居宅介護 ○介護予防認知症対応型通所介護 ○介護予防認知症対応型共同生活介護（グループホーム）	【地域密着型サービス】 ○小規模多機能型居宅介護 ○夜間対応型訪問介護 ○認知症対応型通所介護 ○認知症対応型共同生活介護（グループホーム） ○地域密着型特定施設入居者生活介護 ○地域密着型介護老人福祉施設入所者生活介護

＊介護給付と予防給付の双方に住宅改修がある。

市町村の実施事業	【地域支援事業】 ◎介護予防事業 　介護予防特定高齢者施策：特定高齢者把握事業（生活機能評価等），通所介護予防事業（運動器の機能向上，栄養改善，口腔機能の向上等），訪問型介護予防事業，介護予防特定高齢者施策評価事業 　介護予防一般高齢者施策：介護予防普及啓発事業，地域介護予防活動支援事業，介護予防一般高齢者施策評価事業 ◎包括的支援事業 　総合相談支援事業，権利擁護事業，包括的・継続的ケアマネジメント支援事業，介護予防ケアマネジメント事業 ◎任意事業

表6-3 居宅サービスの種類

	要支援者 (予防給付：介護予防サービス)	要介護者 (介護給付：介護サービス)
ケアマネジメント	介護予防支援	居宅介護支援
訪問系サービス	介護予防訪問介護 介護予防訪問入浴介護 介護予防訪問看護 介護予防訪問リハビリテーション 介護予防居宅療養管理指導	訪問介護 訪問入浴介護 訪問看護 訪問リハビリテーション 居宅療養管理指導
通所系サービス	介護予防通所介護 介護予防通所リハビリテーション	通所介護 通所リハビリテーション
短期入所系サービス	介護予防短期入所生活介護 介護予防短期入所療養介護	短期入所生活介護 短期入所療養介護
居住系サービス	介護予防特定施設入居者生活介護	特定施設入居者生活介護
福祉用具の貸与	介護予防福祉用具貸与	福祉用具貸与
福祉用具購入費支給	特定介護予防福祉用具販売	特定福祉用具販売

2．居宅サービス

(1) 居宅サービスの種類

　居宅サービスの種類は，表6-3のとおりである。ケアマネジメント，訪問系サービス，通所系サービス，短期入所系サービス，居住系サービス，そして福祉用具の貸与や購入費支給である。なお，有料老人ホーム，ケアハウス等は居宅サービスのカテゴリーに含まれる。

(2) 訪問系のサービス

◆ 訪問介護（介護予防訪問介護）

　訪問介護員が要介護者などの居宅（ケアハウス，有料老人ホーム等を含む）を訪問し，入浴，排泄，食事などの介護，調理・洗濯などの家事，生活等に関する相談・助言その他日常生活上の世話を行なう。サービスのタイプには，身体介護型として「排泄，食事，清拭，入浴，洗髪など利用者の身体に直接接触

して行なう介護や，日常生活を営むのに必要な機能の向上等のための介助サービス」，生活援助型として「掃除，洗濯，調理等の日常生活の援助サービス」があり，この他に乗降介助（通院等のための車両への乗車又は降車の介助）や降車後の介助および通院や受診等の手続き等の介助がある。サービスの提供形態に，巡回型（排泄の介助等，1回20～30分の訪問を1日数回行なう）と滞在型（一定時間滞在してサービスを提供）がある。要支援者対象の介護予防訪問介護がある。

◆訪問入浴介護（介護予防訪問入浴介護）

　要介護者の居宅を訪問し，訪問入浴車などにより浴槽を提供し入浴の介護を行なう。身体の清拭や床ずれの予防，気分転換などを図る。介護職員1名と看護師（准看護師）1名のチーム編成である。家庭の浴槽を用いての入浴介護は訪問介護となる。要支援者対象の介護予防訪問介護がある。

◆訪問看護（介護予防訪問看護）

　かかりつけの医師が必要と認めた病状の安定期にある要介護者などに対し，訪問看護ステーションや病院・診療所の看護師等（理学療法士他）が居宅を訪問して，療養上の世話，診療補助のサービスを提供する。サービスの種類は，病状を医師に報告，清拭や洗髪，体位変換，床ずれの処置や予防，カテーテル管理，リハビリテーションの指導，栄養管理，食事や排泄の介助，家族への介護指導などである。要支援者対象の介護予防訪問看護がある。

◆訪問リハビリテーション（介護予防訪問リハビリテーション）

　病状が安定期にあり，かかりつけの医師が心身機能の維持回復のためにリハビリテーションが必要と認めた要介護者に，理学療法士，作業療法士，言語聴覚士が居宅を訪問してリハビリテーション，心身機能の維持回復や日常生活の自立に必要なサービスを提供する。理学療法では，基本的動作能力の回復を図るため，治療体操その他の運動および電気刺激，マッサージその他の物理的手段を加える方法で援助を行なう。作業療法では，応用的動作能力または社会適応能力の回復をはかるため，手芸，工作その他の作業を行なう。言語聴覚療法

では，音声機能，言語機能または聴覚機能の維持向上のため，言語訓練等の訓練，指導などを行なう。指定を受けた病院，診療所，介護老人保健施設が事業主体となる。要支援者対象の介護予防訪問リハビリテーションがある。

◆ 居宅療養管理指導（介護予防居宅療養管理指導）

通院困難な居宅の要介護者に，療養上の管理や指導を行なう。訪問診療は医師，訪問歯科診療は歯科医師，口腔ケアは歯科衛生士，服薬指導は薬剤師，献立や調理指導は管理栄養士が行なう。要支援者対象の介護予防居宅療養管理指導がある。

(3) **通所系のサービス**

◆ 通所介護（介護予防通所介護）

要介護者に入浴や食事等の介護，機能訓練等のサービスを行なう。日帰りで，デイサービスセンターや特別養護老人ホーム（介護老人福祉施設）に通い，入浴，排泄，食事の介護，生活相談・助言，健康状態の確認，その他日常生活上の世話，機能訓練を行なうサービスである。社会的孤立感解消，心身機能維持，利用者や家族の心身の負担軽減を目的としている。サービスの種類としては，① リフトバス等による送迎，② 入浴や排泄，食事等の介護，③ 看護師や保健師による健康チェックや日常生活訓練，④ レクレーション等の高齢者同士の交流，⑤ 家族介護教室がある。認知症対応型通所介護がある。サービス提供形態として，単独型と併設型がある。併設型は特別養護老人ホームなどで実施される。要支援者対象の介護予防通所介護がある。

◆ 通所リハビリテーション（介護予防通所リハビリテーション）

病状が安定期にある居宅の要介護者が介護老人保健施設，病院・診療所に通所し，心身機能の維持回復，日常生活の自立促進のため理学療法，作業療法などのリハビリテーションを行なう。サービスの特徴は，要介護状態の軽減や悪化防止，要介護状態になることの予防，日常生活動作（ADL）と精神状態の向上，廃用性症候群の防止，日常生活上の活動や参加能力の向上である。事業

所には常勤医師1名以上の配置が必要である。要支援者対象の介護予防通所リハビリテーションがある。

(4) 短期入所系のサービス

◆ 短期入所生活介護（介護予防短期入所生活介護）

　居宅の要介護者が老人福祉施設（老人短期入所施設や特別養護老人ホームなど）に短期間入所し，入浴，排泄，食事などの介護，日常生活上の世話および機能訓練を受ける。利用者の心身の状況，介護者の疾病や心身の負担軽減，冠婚葬祭，仕事上の事情により一時的に介護できない場合に利用できる。サービスの提供形態は，併設型（社会福祉施設，介護保険施設，特定施設または医療機関に併設された事業所），単独型（併設施設以外の事業所），ユニットケア型（入所者の自立的生活を保障する個室と少人数の家庭的な雰囲気のなかで生活できるスペースを備えたユニットの事業所）がある。居室区分については①ユニット型個室，②ユニット型準個室，③従来型個室，④多床室の4類型である。滞在費，食費は介護保険給付の対象外である。要支援者対象の介護予防短期入所生活介護がある。

◆ 短期入所療養介護（介護予防短期入所療養介護）

　居宅の要介護者が介護老人保健施設，介護療養型医療施設，病院もしくは診療所の療養病床，老人性認知症疾患療養病棟といった医療系施設に短期間入所し，医師の診療，看護および医学的管理下における介護ならびに日常生活上の世話や機能訓練を受ける。利用者の心身の状況，病状改善，介護者の疾病や心身の負担軽減，冠婚葬祭，仕事上の理由で一時的に介護できない場合に利用できる。居室区分については①ユニット型個室，②ユニット型準個室，③従来型個室，④多床室の4類型である。滞在費，食費は介護保険給付の対象外である。要支援者対象の介護予防短期入所療養介護がある。

(5) 居住系のサービス

◆ 特定施設入居者生活介護(介護予防特定施設入居者生活介護)

　有料老人ホーム[2], 養護老人ホーム, 軽費老人ホーム[3](介護利用型軽費老人ホーム:ケアハウス), 適合高齢者専用賃貸住宅は, 介護保険制度の「特定施設」に指定されることができる。特定施設入居者生活介護事業所の指定を受けると, 介護サービス計画にもとづき入居者に入浴, 排泄, 食事などの介護, 生活相談・助言, 日常生活上の世話や機能訓練, 療養上の世話を提供できる。なお, 特定施設の入居者が地域の訪問介護, 訪問入浴介護, 通所介護などを利用する事業所は,「外部サービス利用型特定施設入居者生活介護」に分類される。要支援者対象の介護予防特定施設入居者生活介護がある。

【特定施設入所者生活介護の事業種別】

〈要介護者対象の事業〉

○特定施設入居者生活介護:混合型特定施設。要介護者以外の者(非該当者, 要支援者)も入居する特定施設。

○介護専用型特定施設入居者生活介護:定員30人以上の要介護者またはその配偶者等を対象とする特定施設。

○地域密着型特定施設入居者生活介護:定員30人未満の要介護者等を対象とする特定施設。

○外部サービス利用型特定施設入居者生活介護:養護老人ホーム, 有料老人ホーム, 適合高齢者専用賃貸住宅を対象とする特定施設。ケアマネジメントは当該施設で担当し, サービス提供は外部の居宅サービス事業者が行なう。

〈要支援者対象の事業〉

○介護予防特定施設入居者生活介護:単独指定または混合型特定施設への併設可能な, 要支援者に対する予防給付。

○外部サービス利用型介護予防特定施設入居者生活介護:要支援者を対象にした, 外部サービス利用型の施設。

---

(6) 福祉用具の貸与・購入費用の支給

◆ 福祉用具貸与(介護予防福祉用具貸与)・福祉用具購入費の支給

　要介護者や要支援者に日常生活上の便宜を図り, 機能訓練に役立つ福祉用具を貸与するサービス。厚生労働大臣が定める福祉用具は, 車椅子, 車椅子付属品, 特殊寝台, 特殊寝台付属品, 床ずれ防止用具, 体位変換器, 手すり, スロ

ープ，歩行器，歩行補助杖，認知症徘徊感知機器，移動用リフト（つり具部分を除く）である。ただし，介護予防福祉用具貸与では，要支援状態での使用が想定しづらい車椅子や特殊寝台，床ずれ防止用具，体位変換器，認知症老人徘徊感知器，移動用リフトは原則として除かれる。また，入浴，排泄関連の福祉用具（腰掛便座，特殊尿器，入浴補助用具，簡易浴槽，移動用リフトのつり具部分）は貸与になじまないため，年間10万円を上限に購入費用が支給される。

福祉用具貸与事業所は管理者の他に福祉用具専門相談員を配置しなければならない。専門相談員は，介護福祉士・義肢装具士，社会福祉士などである。

◆ 居宅介護（介護予防）住宅改修費の支給

居宅での介護を支援するための小規模な住宅改修が対象となる。住宅改修の範囲は，手すりの取り付け，段差の解消，すべり防止および移動の円滑化などのための床材の変更，引き戸への扉の取り替え，洋式便器への便器の取り替え，その他これらに付帯して必要となる住宅改修である。支給限度額は20万円である。

3．地域密着型サービス

(1) 地域密着型サービスの創設

住み慣れた地域での生活の自立を目指し，高齢者に身近な市町村が提供するのが適当と認められたサービスである。認知症対応型共同生活介護は地域密着型サービスに移行した。

地域密着型（介護予防）サービスは，市町村が事業者を指定し指導・監督する。サービスは当該市町村の被保険者のみ利用できる。ただし，隣接する複数の市町村が指定した事業者については，隣接市町村の被保険者も利用できる。市町村は，厚生労働大臣が定める基準に代えて，地域の実情に応じた弾力的な指定基準や介護報酬の設定（国の定める報酬が上限）ができる。また，指定基準や介護報酬設定に関する地域密着型サービス運営委員会[4]，事業者の運営状況をフォローする運営推進会議を設ける必要がある。

(2) 地域密着型サービスの種類

地域密着型（介護予防）サービスの種類は次の表6-4のとおりである。介護給付については6種類の地域密着型サービスが，予防給付については3種類の地域密着型介護予防サービスがある。

◆ 小規模多機能型居宅介護（介護予防小規模多機能型居宅介護）

要介護者の心身の状況，生活環境などに応じ，高齢者自身の選択により「居宅」（訪問），サービス拠点へ「通い」（通所），「泊まり」（短期間入所）を組み合わせて，入浴，排泄，食事などの介護その他日常生活上の支援を受ける。登録者数の上限は25名であり，通所サービスは1日に15名程度，短期入所は9名程度が上限である。居宅またはサービス拠点において，家庭的な環境と地域住民との交流のもとでサービスが提供される。要支援者対象の介護予防小規模多機能型居宅介護がある。

◆ 夜間対応型訪問介護

ケアコール端末をもつ利用者の居宅を夜間（午後10から午前6時までの時間帯を最低限含む）に定期巡回，通報により随時訪問し，食事，入浴，排泄の介護，その他日常生活上の世話を行ない，緊急時の対応等の援助を行なう。サービス提供形態は「オペレーションセンターあり」「オペレーションセンターなし」があり，前者の場合はおおむね利用者300人につき1ヶ所以上設置し，定期巡回や随時訪問を実施する。

表6-4 地域密着型（介護予防）サービスの種類

地域密着型介護予防サービス（予防給付）	地域密着型サービス（介護給付）
介護予防小規模多機能型居宅介護	小規模多機能型居宅介護
	夜間対応型訪問介護
介護予防認知症対応型通所介護	認知症対応型通所介護
介護予防認知症対応型共同生活介護	認知症対応型共同生活介護
	地域密着型特定施設入居者生活介護
	地域密着型介護老人福祉施設入所者生活介護

◆ 認知症対応型通所介護（介護予防認知症対応型通所介護）

　要介護者である認知症高齢者（急性の状態を除く）が，できる限り自立した日常生活を営めるよう，介護老人福祉施設やデイサービスセンターなどに通所し，入浴，排泄，食事などの介護その他の日常生活の世話および機能訓練を受ける。高齢者の社会的孤立感解消，利用者家族の心身の負担感の軽減も目的としている。サービス提供形態には，介護老人福祉施設，養護老人ホーム，介護老人保健施設，病院などに併設されていない「単独型」と特別養護老人ホーム等に併設されている「併設型」がある。また，指定された事業所や施設の居間や食堂，共同生活室等を入所者や入居者とともに利用する「併用型」がある。要支援者対象の介護予防認知症対応型通所介護がある。

◆ 認知症対応型共同生活介護（介護予防認知症対応型共同生活介護）

　要介護者の認知症高齢者が，食事その他の家事などを共同生活住居（グループホーム）で職員と共同で行なうなど，同一の住居において家庭的な環境のもとで日常生活を過ごす。5～9人を1ユニットとして個室で暮らし，共通の居間や食堂で日常生活を過ごす。

◆ 地域密着型特定施設入居者生活介護

　地域密着型特定施設（介護専用型特定施設で入居定員が29人以下の有料老人ホームやケアハウス）で，介護サービス計画にもとづき，入浴，排泄，食事等の介護その他日常生活上の世話，機能訓練，健康管理および療養上の世話等を受け，自立した日常生活を送ることを目指す。

◆ 地域密着型介護老人福祉施設入所者生活介護

　特別養護老人ホーム（30人未満）において，地域密着型施設サービス計画にもとづき，入浴，排泄，食事等の介護その他の日常生活上の世話，機能訓練，健康管理および療養上の世話を行なうサービスである。サービス提供形態は，「サテライト型」は，本体施設の特別養護老人ホームと密接な連携を確保しつつ，別の場所で運営するタイプ。「ユニット型」は，少数の個室と近接する共同生活室を一体的に構成したユニットでサービスを受けるタイプである。

「運営推進会議」[5]の設置が必要であり，構成メンバーは利用者，利用者の家族，市町村職員，地域包括支援センター，地域住民等であり，サービス内容を明らかにして，地域に開かれた事業者として質の確保を図ることがねらいである。この「会議」は，地域密着型介護老人福祉施設，小規模多機能型居宅介護，認知症対応型共同生活介護，地域密着型特定施設入居者生活介護の事業所についても，設置する必要がある。

【平成24年4月開始予定の新サービス】
〇「定期巡回・随時対応型訪問介護看護」：平成24年4月から開始予定。地域密着型サービスとして市町村が主体となって圏域ごとに体制整備。要介護高齢者の在宅生活を支えるため，日中・夜間を通じて，訪問介護と訪問看護が密接に連携しながら，短時間の定期巡回型訪問（1日数回，20分未満）と随時の対応（利用者からの通報による）を行なう。
〇居宅サービスと地域密着型サービスを組み合わせた「複合型サービス」：平成24年4月から開始予定。地域密着型サービスとして，小規模多機能型居宅介護と訪問看護訪問介護等との組み合わせにより，サービス間の効果的かつ効率的な調整と組み合わせにより，柔軟なサービスの提供が可能。

4．入所型の施設サービス

(1) 入所型施設サービスの種類

◆老人福祉施設と介護保険施設

要介護高齢者などを支援する施設サービスは，生活の拠点を移す「入所型」，居宅から施設に一定期間通う「通所型」，そして必要なサービスを利用する「利

表6-5　老人福祉施設と介護保険施設

老人福祉施設	入所型施設：特別養護老人ホーム，養護老人ホーム，軽費老人ホーム（A型，B型，ケアハウス：介護利用型軽費老人ホーム），老人短期入所施設 通所型施設：老人デイサービスセンター 利用型施設：老人介護支援センター，老人福祉センター，高齢者生活福祉センター（生活支援ハウス）
介護保険施設	入所型施設：介護老人福祉施設，介護老人保健施設，介護療養型医療施設

用型」の3つがある。設置根拠法から，老人福祉法にもとづく老人福祉施設，介護保険法にもとづく介護保険施設がある。介護保険施設は，介護老人福祉施設（＝特別養護老人ホーム），介護老人保健施設，介護療養型医療施設（療養型病床群）である。

◆介護保険施設の指定と許可

介護保険施設は，それぞれ別個の法律により設置されてきた経緯があり，運営主体や指定（介護老人保健施設は許可）の性質が異なる。

介護老人福祉施設は，都道府県知事の指定を受けた特別養護老人ホームのことである。老人福祉法の特別養護老人ホームの「認可」が前提となる。また，かつての老人保健法により設置されていた介護老人保健施設は，老人保健法の施設としての規定を引継ぎ，介護保険法の施設として都道府県知事の「許可（開設許可）」を受ける必要がある。「許可」の意味には，施設それ自体の開設許可と介護保険法の諸サービスを提供する機関としての「指定（保険指定）」の2つの意味が含まれている。特別養護老人ホームは，老人福祉法による規制を前提（社会福祉法人事業者が設置の認可を別途受けている）とし，加えて介護保険法による規制を受けているため「指定」となっている。医療法にもとづく医療施設（医療法上の許可を受けている）である「療養病床」のうち，介護保険法により都道府県知事に「指定」されたのが介護療養型医療施設である。「療養病床等」には，老人性認知症疾患療養病棟が含まれる。他の介護保険施設とは異なり，必ずしも施設全体が指定を受けることは予定されていない。

(2) **入所型施設サービスの概要**

◆介護老人福祉施設（表6-6）

施設サービス計画にもとづいて，居宅での生活が困難な要介護者を対象に，入浴，排泄，食事の介護等の日常生活全般の援助や機能訓練，健康管理および療養上の管理等のサービスを提供することにより，要介護状態を改善し，自立した生活が送れるように支援する。

表6-6 介護老人福祉施設の概要

設置主体	都道府県，市町村，社会福祉法人
サービス内容	日常生活上の世話，生活介護に重点を置いた衣食住中心の施設サービス。生活訓練，リハビリテーション，レクレーション指導，家族等への指導・相談。健康管理および療養上の世話。地域ケアシステムの中核施設，栄養管理・指導。
サービス形態	全室個室・ユニットケア：入居者の尊厳を重視し，複数（8～10）の個室を1ユニットとして，入居者の日常生活上のプライバシー確保に配慮する。入居者同士の社会的関係の形成。 個室が3割以内の従来型：4人部屋を主体として，30～50人程度の入居者を「介護単位」とする効率性を重視したサービスの提供。

表6-7 介護老人保健施設の概要

設置主体	地方公共団体，医療法人，社会福祉法人，その他厚生労働省令で定める者
サービス内容	離床期または歩行期のリハビリテーション，生活援助のための日常生活動作訓練，看護・介護サービス（体位の変換，清拭，食事の世話，入浴等），医療サービス（診察，投薬，注射，検査，処置等）。病状が比較的安定している高齢者が対象。病状の変化に応じて適切な処置を行なう。この他，教養・娯楽サービス，理髪，家族への指導等（家庭での介護方法等），退所時のサービスがある。
サービス形態	独立型：介護老人保健施設単独の施設形態。 医療施設との併設型：介護老人保健施設の入所者にとって通院・入院の利便性が高く，医師の指導のもとにリハビリテーションに参加できる，緊急時に医師の対応を得られる等のメリットがある。 総合型：医療，社会福祉全般の施設が総合的に併設されている施設形態。施設が大規模になりやすいため，各施設の専用ゾーンの確保，生活の場としての雰囲気作り等に注意した計画が必要。

なお，サテライト型があり，実際上は入所定員30人未満の特別養護老人ホーム（地域密着型介護老人福祉施設入居者生活介護）のことである。

◆介護老人保健施設（表6-7）

施設サービス計画にもとづいて，入院の必要はないが，居宅での医学的な管理が困難な要介護者を対象に看護，医学的管理下における介護および機能訓練その他必要な医療並びに日常生活上の世話を行ない，在宅への復帰を目指す。

表 6-8　介護療養型医療施設の概要

設置主体	医療法人，社会福祉法人，地方自治体，その他厚生労働省令で定められた者が開設した病院（20床以上）もしくは医師が開設した有床診療所（19床以下）で療養病床を有する者。
サービス内容	介護・看護：要介護者（患者）の長期療養について，施設サービス計画にもとづいた介護支援サービスを行ない，生活障害評価，看護，栄養上の管理，日常生活支援を行なう。 医学的管理下における介護：高齢者の身体的，精神的，社会的特性に対応した医学的管理。 機能訓練・医療：QOL維持向上を目指した生活機能訓練および指導，リハビリテーション，身体疾患，増悪時の対応。レクリエーション。
サービス形態	療養病床には，介護保険型と医療保険型がある。介護保険制度が適用されるのは介護療養型医療施設であり，原則として病棟単位で認可される。老人性認知症疾患療養病棟も含まれる。

なお，サテライト型がある。また，療養病床から転換した老人保健施設として「介護療養型老人保健施設」がある。

◆ 介護療養型医療施設（表6-8）

　介護療養型医療施設の療養病床等へ入院する要介護者（患者）には，施設サービス計画に基づいて，療養上の管理，看護，医学的管理下における介護等の世話及び機能訓練その他必要なサービスを行なう。慢性疾患等で長期にわたり療養を必要とする要介護高齢者が対象であり，一般的な病院よりも介護職員が多く配置されている。

(3) **介護保険施設の基本的仕組み**

◆ 設置基準

　介護保険施設の設置・運営は，厚生労働省が定める「職員配置の人員基準」や「サービス等の提供に関する運営基準」「施設・設備に関する基準」を満たさなければならない。また，都道府県知事の指定・許可そして監督を受ける。

　なお，2011（平成23）年の介護保険法等の改正により，平成24年度以降，介護サービスの事業者や施設の指定基準，介護保険施設の人員基準や設備運営

表6-9 介護保険施設の設備基準・人員配置基準

	介護老人福祉施設	介護老人保健施設	介護療養型医療施設
居室等	〈居室〉 ：1居室4人以下 ：1人あたり10.65㎡以上	〈療養室〉 ：1療養室4人以下 ：1人あたり8㎡以上	〈病室〉 ：1病室4床以下 ：1人あたり6.4㎡以上
職員配置の人員基準（100人あたり）	医師：必要数（非常勤可） 生活相談員：1人 看護職員：3人 介護職員：31人 介護支援専門員：1人以上（常勤） 機能訓練指導員1人以上	医師：1人以上（常勤） 支援相談員：1人 看護職員：9人 介護職員：25人 介護支援専門員：1人（常勤） 理学・作業療法士または言語聴覚士：1人以上	医師：3人以上 看護職員：17人 介護職員：17人 介護支援専門員：1人（常勤） 理学・作業療法士が適当数

　基準の一部については，指定権者が条例により定めることとされた。

　表6-9の職員配置の人員基準（とくに看護職員と介護職員の配置人数の構成比），そして表6-10の利用者の要件とサービスの内容から，介護保険施設の性格は次のように整理できる。介護老人福祉施設は要介護高齢者の生活施設，介護老人保健施設はリハビリテーション機能を重視し居宅復帰を目指す施設，介護療養型医療施設は長期間の療養施設である。

◆ 利用者要件・サービスの内容

　なお，介護老人福祉施設の施設数は6015，入所定員は約42万人，介護老人保健施設の施設数3500，入所定員は約32万人，そして介護療養型医療施設の施設数2252，病床数が約10万床である（2008（平成20）年10月時点）。特別養護老人ホームへの入所待機者数は，2009（平成21）年12月末集計で約42.1万人である。

表6-10　介護保険施設の利用者要件・サービス内容

	介護老人福祉施設	介護老人保健施設	介護療養型医療施設
基本的性格	要介護高齢者のための生活施設	要介護高齢者が在宅復帰を目指すリハビリテーション施設	重医療・要介護高齢者の長期療養施設
利用者要件	おおむね65歳以上で，身体上または精神上著しい障害を有するため常時介護が必要で，かつ居宅でこれを受けるのが困難。〈参考：平均要介護度3.81〉	病状が比較的安定しているが，病状の変化に応じた適切な処置が必要。入院の必要はないが，居宅での医学的管理が困難。〈参考：平均要介護度3.27〉	慢性疾患等で長期にわたり療養を必要とする患者。〈参考：平均要介護度4.31〉
サービス内容	要介護者に対して，入浴，排泄，食事等の介護その他日常生活の世話，機能訓練，健康管理，療養上の世話を行なう。	病状が安定期にある要介護者に対し，看護，医学的管理下における介護，機能訓練，日常生活上の世話を行なう。	入院する要介護者に対し，療養上の管理，看護，医学的管理下における介護その他の世話，機能訓練，その他必要な医療を行なう。

注：「参考：平均要介護度」は介護給付費実態調査（平成20年2月審査分）。

◆ 利用方法と施設サービス計画の立案

　介護保険施設に入所した要介護高齢者には，介護支援専門員が作成する「施設サービス計画」にもとづいてサービスが提供される。入所待機者が相当数いるため，入所の必要性が高い高齢者から入所できるように，優先入所に関する指針を施設と自治体が共同で作成することとなっている。

◆ ユニットケアサービス

　介護保険施設の居室形態は，ユニット型個室，ユニット型準個室，従来型個室，多床室がある。入所型施設における新しいサービス提供スタイルとして，2003（平成15）年度から「ユニットケア」方式が制度化された。この方式は，入居者の日常生活のプライバシー確保に配慮し，人間としての尊厳を重視したものである。利用者をいくつかのユニット（グループ）にわけて小規模化し，それぞれのユニットごとに生活を共にすることで，できるかぎり家庭での生活

表6-11　居住費の利用者負担（日額）

療養室の区分	基本となる費用の額	利用者負担
ユニット型個室	室料＋光熱水費相当額	1,970円
ユニット型準個室	室料＋光熱水費相当額	1,640円
従来型個室	室料＋光熱水費相当額	1,150円
多床室	光熱水費相当額	320円

や暮らしに近づけることがねらいである。入居者が互いに社会関係を築き，一人ひとりの顔が見えるサービスの提供を目指している。ユニット型施設は，介護老人福祉施設，地域密着型介護老人福祉施設，介護老人保健施設，介護療養型医療施設，短期入所生活介護，短期入所療養介護で適用されている。

◆居住（滞在）費・食費の利用者負担

　介護保険施設の利用者（介護保険施設入所者，短期入所系サービス利用者，通所系サービス利用者）の「居住費・滞在費」（表6-11）と「食費」は保険給付の対象外である。2005（平成17年）6月の改正介護保険法において，居宅サービス利用者と施設サービス利用者の負担の公平性の観点から見直された。

　なお，利用者負担の食費は療養室の区分に関わらず，食材料費および調理にかかる費用の相当額として1日に1380円である。この他，日常生活上で必要となる歯ブラシ，理美容代，インフルエンザ予防接種費，化粧品，被服費などは利用者の自己負担となる。

◆療養病床の再編

　療養病床のうち医療保険適用型が「医療療養病床」，介護保険適用型が「介護療養病床」である。後者が介護保険制度でいうところの「介護療養型医療施設」である。2006（平成18）年の健康保険法等の改正による「医療費適正化計画」にもとづき，総病床数は変更することなく「療養病床は再編」される計画であった。2006（平成18）年10月時点で35万床の療養病床は，2011（平成23）年度末までに，医療の必要性が高く医療保険でカバーする「医療療養病床」と，介護保険制度で対応し主として介護サービスが提供される「介護療養型老

人保健施設」や従来型の介護老人保健施設，特別養護老人ホームなどに転換される予定であった。介護療養病床の転換が進んでいないことから，平成29年度末まで転換期限を延長することになった。

◆ 介護基盤緊急整備等臨時特例基金による施設整備事業

2011（平成23）年度までに介護施設，地域介護拠点の緊急整備を推進する。特別養護老人ホーム，介護老人保健施設，認知症高齢者グループホーム等の整備を大幅に拡充する。当初の予定では，平成23年度末までに合計約12万人分の整備計画であったのが，3年間で4万人分が上乗せされ16万人分となった。

【注】
（1）市町村特別給付とは，市町村が独自に条例を定め，介護保険制度の介護給付と予防給付に「上乗せ」してサービスを提供したり，独自の種類のサービス（「横出し」）を設けることである。紙おむつの支給，食事サービス，洗髪サービス，移送サービス等がある。
（2）有料老人ホームの届出規制を回避するために，その届出要件に該当しないような形態で事業を行なっている事業者がいることをふまえ，人数要件（常時10人以上の老人の入居）が廃止された。また，提供されるべきサービスの要件についても，「食事の提供その他日常生活上必要な便宜の提供」から「入浴，排泄若しくは食事の介護，食事の提供またはその他の日常生活上必要な便宜であって厚生労働省で定めるものの供与」へと変更された。
（3）軽費老人ホームはある程度の身辺自立が可能な60歳以上高齢者が契約により入居する老人福祉施設である。A型：給食サービスを提供，B型：自炊。ケアハウスは身体機能が低下し，日常生活上の援助や介護が必要な高齢者について，外部の居宅サービス等を利用する。「都市型軽費老人ホーム」は既成市街地（首都圏，近畿圏，中京圏の都心部等）において，高齢者単独世帯の増加に鑑み，居室面積基準，職員配置基準の特例を設け緩和策を講じて低廉な利用料の施設を計画的に整備。将来的にはケアハウスに一元化の予定。
（4）地域密着型サービス運営委員会は指定基準の設定や介護報酬設定に地域住民や保健・医療・福祉関係者などの意見を反映するための組織である。
（5）運営推進会議では事業者は2ヶ月に1回程度，活動状況を報告し，評価・要望・助言を受けなければならない。

第7章　地域支援事業と地域包括支援センター

【本章の学習課題】

> 📝 地域支援事業の目的と事業概要について理解する。
> 📝 地域包括支援センターの主要な役割と機能について理解する。

1．地域支援事業

(1) 地域支援事業の事業領域と財政構造

◆ 地域支援事業の領域

　市町村を実施（責任）主体とする地域支援事業は，以前の「介護予防・地域支え合い事業」「在宅介護支援センター運営事業」[1]，老人保健法の「老人保健事業（65歳以上）」を再編成したものである。地域支援事業の目的は，要介護・要支援状態になることの予防（介護予防）であり，要介護高齢者等がより長く住みなれた地域で自立生活を継続できるようにすることである。

　地域支援事業の対象者は，65歳以上の介護保険の対象でない虚弱高齢者（要介護者でない，要支援者でない）である。対象者の選定は，郵送等による基本チェックリストの配布・回収，要介護認定の結果（非該当とされた高齢者は自動的に2次予防事業の対象者），日常診療時の医師からの連絡，民生委員からの相談，特定健康診断の結果，地域包括支援センターにおける相談事業，保健師の意見，本人や家族からの相談等をもとに行なわれる。

　地域支援事業の事業領域は表7-1のとおりである。

◆ 地域支援事業の財源構成

　介護予防事業は国25％，都道府県12.5％，市町村12.5％，1号被保険者20.0％，2号被保険者30.0％である。包括的支援事業と任意事業は国40.0％，都道

表7-1 地域支援事業の3領域

介護予防事業	○2次予防事業：2次予防事業の対象者把握事業，通所型介護予防（運動器機能向上，栄養改善，口腔機能向上，腰痛対策・閉じこもり予防支援・認知症予防支援等），訪問型介護予防（閉じこもり，認知症，うつ予防等の相談・支援），2次予防事業評価事業。 ○1次予防事業：第1号被保険者対象。介護予防普及啓発（パンフレット作成，介護予防手帳配布等），地域介護予防活動支援（ボランティア等の研修，地域活動組織の支援等），1次予防事業評価事業。
包括的支援事業	○介護予防ケアマネジメント業務：アセスメント（課題の分析），目標の設定，介護予防ケアプラン作成，モニタリング，評価などの「介護予防事業」のマネジメント。 ○総合相談支援業務：地域の高齢者の実情把握，介護以外の生活支援サービスとの調整等。総合的な情報提供・総合的な相談・支援。行政機関や医療機関等との調整。 ○権利擁護業務：高齢者虐待の防止・早期発見，高齢者の権利擁護のための支援。 ○包括的・継続的ケアマネジメント支援業務：困難ケースについての介護支援専門員への助言・援助，地域の介護支援専門員のネットワーク作り等。
その他の事業	○介護給付等費用適正化事業：サービス提供の検証，良質な事業展開のための情報提供。 ○家族介護支援事業：家族介護教室，認知症高齢者見守り事業，家族介護継続支援。 ○その他：成年後見制度利用支援，福祉用具・住宅改修支援，地域自立生活支援。

府県20.0％，市町村20.0％，1号被保険者20.0％である。第2号被保険者は負担しない。

(2) 介護予防事業（必須事業）

　介護予防は，1次予防，2次予防，3次予防の3段階の取り組みに整理できる。1次予防は「生活機能の維持と向上」，2次予防は「生活機能低下の早期発見・対応」，そして3次予防は「要介護状態の改善・重度化予防」である。地域支援事業では主に1次予防と2次予防を対象にしている。

介護予防事業は，要介護認定では「非該当（自立）」に判定された高齢者のうち介護や支援が必要となるおそれのある高齢者を対象にする。実施主体は市町村であり，公民館や保健センター等において市町村が直接実施するか，介護予防事業者に委託できる。介護予防事業の2次予防事業は「要支援・要介護に陥るリスクの高い高齢者」が対象である。1次予防事業は，高齢者一般を対象に，介護予防の普及，介護予防のボランティアの養成や地域活動の支援などを行なう。

(3) 包括的支援事業（必須事業）

◆ 介護予防ケアマネジメント事業

2次予防事業対象者について，心身や環境等の状況に応じて，利用者の選択により介護予防事業等を包括的かつ効率的に提供されるように援助する。介護予防ケアプランの作成も事業の一つに含まれる。また，地域包括支援センターの保健師等と他の専門職と連携し，アセスメント，利用者と家族との相談，サービス事業者担当者会議の開催，サービスの調整，サービス実施後の評価を行なう。

◆ 総合相談支援事業

地域の高齢者が住み慣れた地域で安心して暮らせるように，関係者とのネットワークを構築し，かつ高齢者の心身の状況や生活実態を把握して，高齢者や家族からの相談を受けて，保健・医療・福祉サービス，行政機関や医療機関等との調整を行なう。

◆ 権利擁護事業

高齢者の虐待の防止，虐待の早期発見等は，地域包括支援センターの社会福祉士等が中心となり権利擁護の観点から支援する。成年後見制度の円滑な利用を支援するとともに，虐待については，老人福祉施設への措置入所や成年後見制度の利用支援を行ない，虐待防止のネットワーク作りに努める。消費者被害の防止も業務範囲である。

◆ 包括的・継続的ケアマネジメント事業

　包括的・継続的ケアマネジメント事業は，地域のケア体制の構築を目指して，支援困難事例に関する介護支援専門員への助言，地域の介護支援専門員のネットワーク作り，日常的な個別指導や相談，居宅サービス計画の検証，サービスの利用状況等に関する定期的な協議などの包括的で継続的な支援を行なう。

(4)　その他の事業

　その他の任意事業として，介護給付適正化事業，家族支援事業等を行なうことができる。

　なお，2012（平成24）年4月より，「介護予防事業」「介護予防ケアマネジメント事業」，その他市町村の判断で実施する要支援者を対象にした事業は，「介護予防・日常生活支援総合事業」に再編される予定である。

2．地域包括支援センター

(1)　地域包括支援センターの意義と役割

◆ 地域包括支援センターの意義

　地域支援事業を実質的に担うのが地域包括支援センターである。高齢者が住みなれた地域で尊厳ある生活を継続するためには，予防サービス，介護サービス，医療サービス等の多様な支援が高齢者の事情に応じて提供されなければならない。地域包括支援センターには様々なニーズを受けとめる「総合性」，介護保険サービスに加えボランティア活動等を結びつける「包括性」，そして生活の質を低下させない長期的視野による「継続性」あるサービス提供機能が求められる。

　地域包括支援センターは，「介護予防」を重視した改正介護保険制度において「地域住民の心身の健康の保持および生活の安定のために必要な援助を行なうことにより，その保健医療の向上，および福祉の増進を包括的に支援する」ことを任務とした「地域の包括的ケアシステムの中核機関」に位置づけられる。

◆ 地域支援事業と地域包括支援センター

　地域包括支援センターは，地域支援事業のうちの包括的支援事業を一体的に実施する。地域支援事業は介護予防事業，包括的支援事業，その他の事業から構成されるが，地域包括支援センターはそのうちの包括的支援事業を実施する機関に位置づけられている。また，多くの場合，介護予防事業とその他の事業についても地域包括支援センターに委託されている。

　地域支援事業については，実施主体は市町村であるが，地域包括支援センターに委託が可能である。委託された地域支援事業は，地域包括支援センターにおいて，「包括的・継続的マネジメント」事業，「総合相談権利擁護」事業，そして「介護予防ケアマネジメント」事業として展開される。

　なお，地域支援事業としての介護予防事業は，「予防給付」としての介護予防マネジメントとともに，地域包括支援センターにおいて「介護予防ケアマネジメント事業」として「一体的に実施」される。

(2) **地域包括支援センターの基本機能**

◆ 地域包括支援センターの4つの基本機能

　地域包括支援センターの基本機能は次のとおりである（表7-2）。

表7-2　地域包括支援センターの基本機能

共通的支援基盤構築	地域に，総合的重層的なサービスネットワークを作る。
総合相談支援・権利擁護	相談を総合的に受けとめ，訪問して実態を把握，必要なサービスにつなげる。虐待の防止等高齢者の権利擁護に努める。
包括的・継続的ケアマネジメント支援	包括的継続的サービスの提供するため，地域の多様な社会資源を活用したケアマネジメント体制の構築支援。
介護予防ケアマネジメント事業	介護予防事業，介護予防サービスが効果的効率的に提供されるためのマネジメント事業。

◆ 専門職の配置とチームケア

　3種の専門職が配置される。主に，保健師は介護予防マネジメント事業，社会福祉士は総合相談支援と権利擁護，主任介護支援専門員は包括的・継続的マネジメント事業を担当するが，センター全体として3専門職が「チームアプローチ」により共同して対応する。「チームアプローチ」とは，専門職相互が常に情報を共有し，互いの業務の理念・基本的な骨格を理解したうえで，連携・協力の体制を作り，地域包括支援センターの業務全体を「チーム」として支えていくことである。

◆ 地域包括支援センターの実施体制

【地域包括支援センターの実施体制】
- **運営主体**：市町村（一部事務組合・広域連合の市町村），在宅介護支援センター運営法人（社会福祉法人等），その他市町村が委託する公益法人。市町村直営型と法人委託型に大別され，全国に約4000ヶ所（委託が約7割）。
- **事業内容**：包括的支援事業は介護予防ケアマネジメント事業，総合相談支援事業，権利擁護事業，包括的・継続的ケアマネジメント事業。指定介護予防支援事業等。
- **設置エリア**：介護保険制度の第1号被保険者数が3000〜6000人未満ごとに，原則1センターを設置。住民の利便性を考慮して，実績のある在宅介護支援センターを窓口（ブランチ）あるいは支所（サブセンター）として活用可能。
- **職員体制**：センター職員は保健師，社会福祉士および主任介護支援専門員それぞれ1名。常勤職員が原則。それが難しい場合，適切な業務が遂行できると運営協議会が認めたときには常勤換算方式により必要な員数確保も認められている。保健師もしくは地域ケア・地域保健の経験のある看護師（准看護師は含まない），主任介護支援専門員（準ずる者として，ケアマネジメント研修を修了し介護支援専門員としての実務経験を有し，これに介護支援専門員の相談対応や介護支援専門員への支援等に関する知識や能力を有している者），社会福祉士（福祉事務所の現業員等の業務経験が5年以上，または介護支援専門員の業務経験が3年以上ある者で，これに高齢者の保健福祉に関する相談業務に3年以上従事した経験を有する者）を配置する。平均の職員数は約5人。
- **地域包括支援センター運営協議会**：地域包括支援センターの設置・運営に関しては，中立性の確保，人材確保支援等の観点から，「地域包括支援センター運営協議会」を市町村単位に設置。同協議会の構成は，介護保険サービス事業者，関係団体（地域医師会，介護支援専門員らの職能団体等），利用者・被保険者（老人クラブ等）地域で権利擁護・相談事業等を担う関係者（ボランティア団体，NPO等）などで，地域の実情をふまえて選ばれる。市町村が事務局となる。
- **運営財源**：地域包括支援センターの運営財源は，地域支援事業交付金と介護予防支援事業の介護報酬。

◆ 地域包括ケアの推進

　地域包括ケアとは，高齢者が住みなれた地域で尊厳ある生活を継続できるように，そのニーズや状態の変化に応じて必要なサービスが提供される包括的かつ継続的なサービス体制のことである。日常生活圏域（30分で駆けつけられる圏域）において，医療，介護，予防，生活支援，住まいの5つの取り組みが包括的かつ継続的に行なわれるよう設計されている。市町村地域包括ケア推進事業等が試行的に実施されており，①医療との連携強化：24時間対応の在宅医療，訪問看護やリハビリテーションの充実強化，介護職員によるたんの吸引等の医療行為の実施。②介護サービスの充実強化：介護拠点の整備，24時間対応の在宅サービスの強化。③予防の推進：できる限り要介護状態にならないための予防の取り組みや自立支援型の介護の推進。④見守り，配食，買い物等の多様な生活支援サービスの確保や権利擁護等：一人暮らし，高齢夫婦のみ世帯の増加，認知症の増加をふまえ様々な生活支援サービスを推進。⑤高齢期になっても住み続けることができる高齢者住まいの整備：一定の基準を満たした有料老人ホームと高齢者専用賃貸住宅をサービス付き高齢者住宅として高齢者住まい法に位置づける。

【注】
（1）在宅介護支援センターは，要介護高齢者やその家族に対して，ソーシャルワーカーや看護師等の専門家が在宅介護に関する総合的な相談に応じ，保健，福祉サービス等が円滑に受けられるよう市町村等との連絡，調整を行なう事業。介護保険制度の改正により，地域包括ケアの中核拠点として，地域包括支援センターが市町村に設置されることとなり，これまでの実績から，在宅介護支援センターが地域包括支援センターに移行している。老人福祉法では老人介護支援センター。

第8章　介護保険制度を支える組織・団体の役割

【本章の学習課題】

> 介護保険制度の運営を支える国，都道府県，市町村（東京23特別区を含む），サービス事業者などの役割について理解する。

1．国の役割

国の役割は，介護保健制度が適切かつ健全に運営されるための基本的な制度設計である（表8-1）。

表8-1　国の役割

① 介護保険制度の制度設計：サービス提供事業者の指定基準や介護報酬単価の設定，要介護認定等の基準の策定等。
② 保険者（市町村）や事業者等への支援・指導：介護保険事業が適切かつ健全に運営されるために，保険者である市町村に支援・指導を行なう。サービス提供事業者等には行政上の指導・監督・助言等を行なう。
③ 介護保険事業に関する基本方針の策定：介護保険制度が提供する保険給付（サービス）のサービス基盤整備に関し基本指針を作成する。基本指針にもとづき，市町村が介護保険事業計画，都道府県が介護保険事業支援計画を策定する。
④ 保険給付への国庫負担・財政安定化基金の設置：保険給付への国庫負担，都道府県が設置する財政安定化基金への財政負担を行なう。
⑤ 介護保険特別会計の運営：介護保険特別会計とは，一般会計予算とは別に介護保険制度を運営するための特別会計。

2．都道府県の役割

都道府県は広域的な地方公共団体として，介護保険事業の健全かつ円滑な運営が行なわれるように市町村を援助する（表8-2）。

なお，2011（平成23）年度の介護保険法の改正において，介護サービス施策

表 8-2　都道府県の役割

| ① 保険者である市町村に対する支援：介護保険事業の健全かつ円滑な運営のため，市町村に対し必要な助言および適切な援助を行なう。介護認定審査会の共同設置等の支援，認定に係る審査判定業務の市町村からの受託等。
② 事業者の指定・更新・許可，改善勧告，改善命令，指定の停止命令：介護保険サービスを提供する事業者や介護保険施設の指定・指定の更新，指導・改善勧告，改善命令，指定効力の停止，指定の取り消し等。
③ 財源安定化基金の設置：財政安定化基金を設置運営。
④ 介護保険事業支援計画の作成：都道府県介護保健事業支援計画を策定。市町村の介護保険事業計画の策定へ助言。
⑤ 介護保険審査会の設置：都道府県の特別機関として設置され，要介護認定に関する審査請求に対応。
⑥ 介護支援専門員の養成，登録更新事務，民間養成機関の指定：介護支援専門員の登録・更新や養成・研修事業。
⑦ 介護サービス情報の公表：介護サービス情報の公表に関する事務。
⑧ 人材の確保および質の向上：介護保険制度を担う福祉・介護サービス職の質の向上や人員の確保対策。 |
|---|

等と医療および居住に関する施策の有機的な連携を図り包括的に推進すべき規定が追加された。

3．市町村の役割

　市町村（東京 23 特別区を含む）は介護保険制度の実施主体として重要な役割を担っている。

　小規模市町村の安定的な財政運営のため，複数の市町村で保険料水準を調整し相互に財政調整を行なう市町村相互安定化事業がある。地方自治法上の広域連合や一部事務組合の仕組みを活かした広域的運営を行なう市町村が増えている（表 8-3）。

4．指定サービス事業者の役割

◆ サービス事業者の指定制度

　入所型のサービスを提供する介護保険施設の設置者は，都道府県，市町村，

表8-3 保険者（市町村）の主な仕事

被保険者の資格管理
○被保険者の要件は住所と年齢による。住民基本台帳と外国人登録原票の情報により被保険者資格の取得と喪失を管理。被保険者台帳を作成。保険証の発行・更新。 ○介護保険施設に入所中の被保険者は，前住所地の被保険者とされる。
保険料の賦課と徴収
○条例に基づき第1号被保険者に保険料を賦課し徴収する。保険料率は，市町村が介護保険事業計画に定める保険給付に要する費用の見込み額や財政安定化基金拠出金の納付に要する費用の見込み額，第1号被保険者の所得の分布状況に照らして，おおむね3年を通じての財政均衡の維持を目指す。 ○国民健康保険の保険者として，第2号被保険者から介護給付費納付金にあてる国民健康保険税（料）を徴収する。 ○介護保険特別会計の収入と支出を管理する。
介護認定審査会の設置と要介護認定・要支援認定
○介護認定審査会を設置。委員の定数は条例により定められ，市町村長が任命。市町村は要介護・要支援認定の申請により，訪問調査結果と主治医の意見書等を介護認定審査会に通知し，その審査判定にもとづいて認定。
保険給付
○介護認定審査会の審査判定を経て，市町村長が要介護・要支援と認定した被保険者に対し保険給付を行なう。 ○保険給付は，「介護給付」「予防給付」「市町村特別給付」がある。
介護保険事業計画の策定
○市町村は，保険給付の円滑な実施のために，厚生労働大臣が定める基本指針に即して，市町村介護保険事業計画を定める。介護保険事業計画は，3年ごとに5年を1期とする計画とし，各年度における介護給付の対象サービスの種類ごとにその必要見込み量等の事項を定める。 ○他の各種計画との調和が保たれるとともに，被保険者の意見が反映され，都道府県の意見も聴く必要がある。
保険者機能の強化と地域密着型サービス事業の指定・監督
○地域密着型サービス事業者・介護予防支援事業者の指定，指導監督を行なう。指定居宅サービス事業者・施設への立ち入り検査。また，地域支援事業の実施。地域包括支援センターの設置。

社会福祉法人，医療法人等にかぎられ，都道府県知事から介護保険施設としての指定もしくは開設許可を得る必要がある。

　居宅サービス事業者は，都道府県知事もしくは市町村長により指定される。

都道府県知事は，居宅サービス事業者，居宅介護支援事業者，介護予防サービス事業者を指定する。事業者は都道府県知事に対し，「事業所ごと」「サービスの種類ごと」に指定を受ける。

市町村長は地域密着型サービス事業者，地域密着型介護予防サービス事業者，そして介護予防支援事業者を指定する。

事業者としての指定を受けるには，厚生労働大臣の定める基準を満たすこと，個人立が認められている診療所等を除き，法人格を有すること等が求められる。厚生労働省の示す指定基準（最低基準）は，サービスの類型ごとに定められている。

【厚生労働省が定める指定基準】
▽人員に関する基準：従業者の知識・技能，人員に関する基準
▽設備に関する基準：事業所に必要な施設・設備についての基準
▽運営に関する基準：利用者への説明，サービス提供の記録などの事業を実施するうえで求められる運営上の基準

◆ 多様化するサービス事業者

介護保険制度は，居宅サービスにおいて様々な経営主体の事業者によってサービスが提供されている。市町村直営と社会福祉法人にほぼ限定されていたサービスの提供（供給）主体が，居宅サービスにおいて大幅に規制が緩和され多様な事業形態が参入している。とりわけ営利法人（株式会社）の参入が著しい。介護保険施設については，介護老人福祉施設の大半が社会福祉法人，介護老人保健施設と介護療養型医療施設は医療法人が大半を占めている。

◆ サービス事業者の責務と役割

サービスを提供する事業者の責務と役割は次のとおりである。

【事業者の責務と役割】
○要介護者・要支援者の人格の尊重，介護保険法令の遵守，そして要介護者・要支援者のため忠実な職務遂行。
○要介護者・要支援者の心身の状況等に応じた適切なサービスを提供。提供するサービスの質の評価等を行うとともに，サービス受給者の立場にたったサービスの提供に努める。
○指定を受けた事業所の名称等を変更，また事業の廃止等については事前に届け出。

5．国民健康保険組合連合会の役割

　国民健康保険連合会は，国民健康保険法に基づき，会員である市町村が共同して，国民健康保健事業の目的を達成するために必要な事業を行なう。国民健康保険連合会は，各都道府県に1団体，全国に47団体が設置されている。

　介護保険関連では次のような事業を担当している。

【国民健康保険連合会の役割】
○市町村（保険者）から委託を受けて行なう介護給付費等の審査支払事務
○サービスの質の向上に関する調査，サービス事業者・介護保険施設への指導・助言，苦情処理
○市町村から委託を受けて行なう第三者行為の求償事務
○指定居宅サービスおよび指定居宅介護支援事業ならびに介護保険施設の運営
○その他介護保健事業の円滑な運営に資する事業

第9章　介護保険制度を支える多様な専門職

【本章の学習課題】

- 介護保険制度の運営を支える各種の専門職の業務内容について理解する。
- 居宅介護，施設介護ともに多職種によるチームアプローチが求められることを理解する。
- チームアプローチのあり方について理解する。

1．介護保険制度を支える専門職

(1) 介護支援専門員

　介護支援専門員は，要介護高齢者や家族等からの相談に応じ，その心身の状況に応じた適切なサービスにより自立的日常生活を営むのに必要な援助に関する専門的な知識や技術を有し，厚生労働省令で定める介護支援専門員証を交付された者である。介護支援専門員になるには，基礎資格[1]に加え必要な実務経験を経て，介護支援専門員実務研修課程を修了する必要がある。

　要介護高齢者等が直面する諸問題の課題分析，サービス担当者会議の開催（ケアチームをまとめる），介護サービス計画の作成，介護保険制度の諸サービスの給付管理，サービスの調整と評価（モニタリング）が主要な業務である。加えて，委託を受けた認定調査，認定申請の手続き代行等がある。仕事をする上での介護支援専門員の基本的姿勢は，利用者の尊厳・人権尊重，利用者の主体性の尊重，中立的態度，公平な態度，自立支援を支える多角的援助の視点，保健医療福祉サービスの総合的調整，サービス提供におけるチームアプローチ，インフォーマルサポートとの統合・調整，プライバシーの尊重等である。なお，介護支援専門員には介護保険法が定める義務として，公正誠実な業務遂行義務，基準遵守義務，介護支援専門員証の不正使用禁止，名義貸しの禁止，信用失墜

行為の禁止，秘密保持義務が求められている。

　主任介護支援専門員の資格は，介護支援専門員としての業務が常勤で60ヶ月以上の実務経験があり，一定の研修課程を修了することによって取得できる。

(2) 社会福祉士

　専門的な知識・技術をもって福祉に関する相談に応じ，助言，指導，福祉サービスを提供する者または医師その他福祉サービス関係者等との連絡調整その他の援助を行なう。ソーシャルワーカーとして利用者の生活全体をとらえ必要な援助の判断を行なう。

　名称独占の法定の国家資格である。地域包括支援センター，居宅介護支援事業所の介護支援専門員，介護保険施設の生活相談員や支援相談員として勤務することが多い。

　2007（平成19）年の法改正において，「利用者の有する能力に応じた尊厳ある自立生活の援助」と「他の福祉サービス提供者や医師等との連絡調整」が社会福祉士の新たな役割として追加された。義務規定についても，「個人の尊厳の保持」「自立支援」「地域に即した創意と工夫」「他のサービス関係者との連

表9-1　厚生労働省が提示する「求められる介護福祉士像」

○尊厳を支えるケアの実践
○現場で必要とされる実践的能力
○自立支援を重視し，これからの介護ニーズ，政策にも対応できる
○施設・地域（在宅）を通じた汎用性のある能力
○心理的・社会的支援の重視
○予防からリハビリテーション，看取りまで，利用者の状態の変化に対応できる
○多職種協働によるチームケア
○1人でも基本的な対応ができる
○個別ケアの実践
○利用者・家族・チームに対するコミュニケーション能力や的確な記録・記述力
○関連領域の基本的な理解
○高い倫理性の保持

携」が新たに追加された。

(3) 介護福祉士

専門的知識・技術をもって，身体的または精神上の障害があるため日常生活を営むのに支障がある高齢者に対し，心身の状況に応じた介護を行い，高齢者本人ならびに家族介護者に対して介護に関する指導を行なう。介護技術のみならず，コミュニケーション能力，総合的判断能力，感受性の豊かさ等が求められる。

表9-1には，厚生労働省が求めている介護福祉士の能力と役割が示してある。

(4) 訪問介護員

訪問介護員（ホームヘルパー）による居宅での介護サービスは，1958（昭和33）年ごろから一部の地方において開始されていた。1962（昭和37）年度からは，要保護階層を対象に国庫補助事業として制度化されている。翌年の老人福祉法制定に伴い関係規定が設けられ「老人家庭奉仕員」として明文化された。その後，福祉8法改正時にホームヘルパーに名称が変更され，要介護高齢者の在宅サービスに不可欠な制度として今日に至っている。

訪問介護員は，養成研修の課程を修了し，証明書の交付を受けた者が，要介護者の自宅等において入浴，排泄，食事等の介護その他の日常生活上の世話，生活等に関する相談や助言を行なう。訪問介護員の養成・資質の向上については，介護ニーズに対応した適切なサービスを提供できるように介護実技を主体とした講習会推進事業が実施され，1991（平成3）年度には段階的研修制度が創設され，1995（平成7）年には養成研修課程のカリキュラムの見直しが行なわれている。

2005（平成17）年には養成研修課程を，高齢者の尊厳を支えるケアを行なう人材の養成のため，介護職員基礎研修課程が追加されるなど訪問介護員養成研修体系の見直しが行なわれた。

(5) **精神保健福祉士**

精神保健福祉士法による名称独占の国家資格である。主な勤務先は精神科病院，保健所，精神保健福祉センターなどである。精神障害者に関する専門的な知識・技術をもって，精神障害に関する医療を受け，あるいは社会復帰を目指す施設を利用している者に対して，助言，指導，日常生活への適応のための援助を行なう。

(6) **介護相談員**

地域において直接利用者・家族等から相談を受け，利用者・家族等の声を介護保険施設・事業所等に伝え，サービス内容の改善を図るための重要な役割を担っている。また，介護サービス利用者の不公平感や孤独感の解消等の精神的なサポート，地域住民等に対する認知症の理解促進などが期待されている。今後は，地域包括支援センターを中心とする地域包括ケアに関与するコミュニティの一員としての役割も期待されている。介護相談員は，市民としての視線から，サービスの質向上や市町村の介護保険行政の円滑な運営を支える。

(7) **福祉用具相談員**

厚生労働大臣が指定する福祉用具専門相談員指定講習会を修了しなければならない。要介護高齢者等への福祉用具や機器の貸し出しや販売をする際に，利用者の相談に応じそのニーズに適合した福祉用具の選び方，使い方などを適切に援助する。福祉用具の貸与事業を行なう場合は，各事業所に福祉用具専門相談員を常勤換算で2名以上配置する必要がある。

(8) **認知症サポーター**

認知症サポーターとは，地方自治体や職場等が開催する認知症サポーター養成講座を受講し，認知症について理解したうえで，認知症高齢者やその家族を温かく見守り，支援する応援者である。受講修了者にはオレンジ色のブレスレ

ットが配布される。認知症サポーター数は2009（平成21）年12月末で約140万人である。

2．専門職のネットワーキング

(1) 専門職のネットワーキングの意義

　要介護高齢者等は多様かつ複合的なニーズをもっている。それらへの対処には，特定の専門職では対応が不十分となり，どうしても複数の専門職による多職種連携によるチームアプローチが求められる。

　チームアプローチは目的は共有するが，関わるアプローチが異なることが前提となる。別の見方，異なった見方をもつ専門職のネットワークが形成されることによってチームアプローチは可能になる。介護保険制度における専門職のネットワークでは，常に専門職としての視点や立場の違いを互いに尊重しなければならない。

　介護保険制度に関わる専門職がネットワークを形成する意義は，①サービス利用者についての観察結果と対応策を他の専門職とともに協働して検討する，②自分の専門以外のアプローチによる知見を知る，③他の専門職とのコミュニケーションの形成機会，④専門職としての相互の情緒的な支え合いと研修機能，⑤利用者が居住するコミュニティの課題の発見，⑥それぞれの専門職がもっている客観的情報の交換と共有，⑦相互の刺激による業務に対する姿勢や発想の転換等である。

(2) 専門職のネットワーキング

　介護保険制度に関連する専門職のネットワーキングの場面は，次のような機会がある。①アセスメントとケアプラン作成：高齢者は介護サービスのみならず医療や権利擁護等複合的なニーズをもつ。アセスメントも多職種の関わりが求められ，とくに高齢者の場合は医療ニーズへの対応が不可欠なため，医師や看護師等の医療職との連携が必要である。②サービス担当者会議：総合的

な支援の方針や目標・支援内容等を検討するとともに，その結果を共有して役割分担の確認を行なう。サービス提供開始後のモニタリングの具体的な方法，緊急事態の対処方法等も協議する。③ ケアプランの決定と利用者の合意：ケアプランはサービス担当者会議を経て，利用者の同意を得て決定される。ケアプランは専門職であるサービス担当者に交付され，それぞれのサービス担当者は介護支援専門員が作成したケアプランにもとづいて個別に介護サービス計画を作成する。④ サービスの実行とモニタリング：各種のサービスは，ケアプランにもとづいて提供される。モニタリングに際しては，サービスの提供状況や高齢者等の利用者の状況の確認，ニーズの充足度に関する評価，ニーズの変化の確認を行なう。

3．専門職の倫理

(1) 社会福祉士の倫理責任

社会福祉士の職能団体である日本社会福祉士会は，社会福祉士の職務を遂行するうえでの追求すべき「価値」とその態度の「原則」を，「人間の尊厳」「社会正義」「貢献」「誠実」「専門的力量」においている。また，社会福祉士としての倫理基準を表9-2のように定めている（表9-2）。

表9-2　社会福祉士の倫理責任

利用者に対する倫理責任	・利用者との関係　・利用者の利益の最優先　・受容　・説明責任 ・利用者の自己決定の尊重　・利用者の意思決定能力への対応 ・プライバシーの尊重　・秘密の保持　・記録の開示　・情報の共有 ・性的差別，虐待の禁止　・権利侵害の防止
実践現場における倫理責任	・最良の実践を行なう責務　・他の専門職との連携・協働 ・実践現場と綱領の遵守　・業務改善の推進
社会に対する倫理責任	・ソーシャルインクルージョン（社会的包摂）　・社会への働きかけ ・国際社会への働きかけ
専門職としての倫理責任	・専門職の啓発　・信用失墜行為の禁止　・社会的役割の保持 ・専門職の擁護　・専門性の向上　・教育・訓練・管理における責務 ・調査・研究

(2) 介護支援専門員の倫理責任

　介護支援専門員の職能団体である日本介護支援専門員協会は，その倫理綱領において介護支援専門員が追求する倫理責任について次のように定めている。すなわち，自立支援，利用者の権利擁護，専門的知識と技術の向上，公正・中立な立場の堅持，社会的信頼の確立，秘密保持，法令遵守，説明責任，苦情への対応，他の専門職との連携，地域包括ケアの推進である。

【注】
（1）基礎資格は医師，歯科医師，薬剤師，保健師，助産師，看護師，社会福祉士，介護福祉士，精神保健福祉士等の21資格がある。

第10章　高齢者保健福祉サービスを支える法・制度

1．老人福祉法

(1) 目的と基本的理念

高齢者のみを対象とした老人福祉法は1963（昭和38）年に制定され，その目的と基本的理念は次のとおりである。

【老人福祉法の目的と基本的理念】
（目的）
第1条：老人の福祉に関する原理を明らかにするとともに，老人に対し，その心身の健康の保持及び生活の安定のために必要な措置を講じ，もって老人の福祉を図る。
（基本的理念）
第2条：老人は，多年にわたり社会の進展に寄与してきた者として，かつ，豊富な知識と経験を有する者として敬愛されるとともに，生きがいを持てる健全で安らかな生活を保障されるものとする。老人は，老齢に伴って生ずる心身の変化を自覚して，常に心身の健康を保持し，又は，その知識と経験を活用して，社会的活動に参加するように努めるものとする。老人は，その希望と能力とに応じ，適当な仕事に従事する機会その他社会的活動に参加する機会を与えられるものとする。

老人福祉法では国，地方公共団体および事業者に対して老人福祉を増進する責務を規定するとともに，市町村については市町村老人福祉計画の策定を，都道府県については都道府県老人福祉計画の策定を求めている。市町村老人福祉計画では，市町村は地方自治法に基づく基本構想に即して，老人居宅生活支援事業および老人福祉施設による事業（以上，老人福祉事業）の供給体制の確保に関する計画を定める。都道府県老人福祉計画では，都道府県は市町村老人福祉計画の達成に資するため，各市町村を通じた広域的な観点から老人福祉事業の供給体制の確保に関する計画を定める。

(2) 福祉の措置

◆ 老人居宅生活支援事業・老人福祉施設への入所

老人福祉法による高齢者福祉サービスには，老人居宅生活支援事業（居宅における介護等）と老人福祉施設（老人ホーム等への入所等）がある。老人居宅生活支援事業は老人居宅介護等事業，老人デイサービス事業，老人短期入所事業，小規模多機能型居宅介護事業，認知症対応型老人共同生活介護事業が定められている。老人福祉施設には特別養護老人ホーム，養護老人ホーム，老人短期入所施設，軽費老人ホームなどが規定されている。

◆ 福祉の措置

前述の老人福祉法に基づく諸事業の大半は，介護保険法による諸サービスと重複する。社会保険制度である介護保険制度を適用できない高齢者が出てきた場合，老人福祉法の「福祉の措置」により対応するためである。

「福祉の措置」の実施者は居住地の市町村である。老人福祉法では「やむを得ない事由」によって介護保険制度の適用が困難な場合，この「福祉の措置」により老人居宅生活支援事業（居宅における介護等）や老人福祉施設（老人ホーム等への入所等）のサービスを提供することになる。たとえば，高齢者本人が家族等に虐待を受けている，認知症その他の理由により意思能力が乏しくかつ本人を代理する家族等がいない場合などである。

> 【養護老人ホームの入所要件】
> 65歳以上の者であって，環境上の理由及び経済的理由により居宅において養護を受けることが困難な者を，その市町村の設置する養護老人ホームに入所させ，又はその市町村以外の者の設置する養護老人ホームに入所を委託する。

2．高齢者医療確保法

(1) 高齢者医療確保法

老人保健法は2008（平成20）年4月に，その目的や趣旨を踏襲しつつ「高齢者の医療の確保に関する法律」（以下，高齢者医療確保法）に改正された。

第 10 章　高齢者保健福祉サービスを支える法・制度　99

> 【高齢者の医療の確保に関する法律】
> ○目的：国民の高齢期における適切な医療の確保を図るため，医療費の適正化を推進するための計画の作成及び保険者による健康診査等の実施に関する措置を講ずるとともに，高齢者の医療について，国民の共同連帯の理念等に基づき，前期高齢者に係る保険者間の費用負担の調整，後期高齢者に対する適切な医療の給付等を行うために必要な制度を設け，もって国民保健の向上及び高齢者の福祉の増進を図ることを目的とする。
> ○基本的理念：国民は，自助と連帯の精神に基づき，自ら加齢に伴って生ずる心身の変化を自覚して常に健康の保持増進に努めるとともに，高齢者の医療に要する費用を公平に負担するものとする。国民は，年齢，心身の状況等に応じ，職域若しくは地域又は家庭において，高齢期における健康の保持を図るための適切な保健サービスを受ける機会を与えられるものとする。

　高齢者医療確保法にもとづく「新しい高齢者医療制度」は，65～74 歳までの前期高齢者，75 歳以上の後期高齢者に区分し，75 歳以上の後期高齢者が加入する独立した医療保険制度として後期高齢者医療制度を創設した。

(2)　後期高齢者医療制度の仕組み

◆ 保険加入と保険料

　都道府県単位で構成される後期高齢者医療制度広域連合の域内に住所を有する 75 歳以上の高齢者が被保険者となる。被保険者証が 1 人 1 枚発行される。

　保険料の額は後期高齢者医療制度の広域連合が決定する。保険料は 75 歳以上の加入者一人ひとりが支払う。保険料負担を公平にするという考え方から，後期高齢者全員に，その負担能力に応じて保険料を徴収する。年間の保険料の額は，均等割額と高齢者の所得に応じて課される所得割額の合計額となる。年間の保険料の上限は 50 万円に設定されている。これまで加入する医療保険制度によって市区町村による保険料額に高低があったのが解消され，原則として，都道府県内では同じ所得であれば同じ保険料となる。

◆ 高齢者の自己負担

　医療機関窓口での自己負担割合は，老人保健制度と同様に，かかった費用の原則 1 割である。現役並み所得者の場合は 3 割負担となる。現役並みの所得の

基準は，住民税課税所得145万円以上である。なお，窓口負担には月ごとに上限額が設けられている。入院した場合には，同一の医療機関の窓口に支払う負担額の月ごとの上限額までとなる。

◆ 財政構造

都道府県単位（全市町村が加入）の後期高齢者医療広域連合が後期高齢者医療制度を運営する。財源構成は，患者負担を除き，公費が約5割，現役世代からの後期高齢者支援金が約4割（0～74歳までの国民健康保険，健康保険組合等の被用者保険），75歳以上の後期高齢者の保険料が1割である。

後期高齢者支援金は国民健康保険制度と被用者保険制度の加入者数に応じて負担割合が決定される。後期高齢者支援金は各医療保険者（健康保険組合，国民健康保険等）の被保険者（0～74歳）の保険料について，医療保険者などから社会保険診療報酬支払基金に一括納付され，同基金から後期高齢者支援金として広域連合に交付される。公費（約5割）についての負担割合は，国：都道府県：市町村＝4：1：1である。

◆ 医療給付

医療給付（法定給付）の種類は，老人保健制度や国民健康保険の給付と同じである。給付の種類は，療養の給付，入院時食事療養費，入院時生活療養費，保険外併用療養費，療養費，訪問看護療養費，特別療養費，移送費，高額療養費，高額合算療養費などである。療養の給付には，診察，薬剤または治療材料の支給，処置，手術その他の治療，居宅における療養上の管理およびその療養に伴う世話その他の看護，病院または診療所への入院およびその療養に伴う世話その他の看護である。

入院した場合，療養病床以外で食費に関する負担として1食ごとに標準負担額を，療養病床の場合は食費および居住費負担として1食ごとに，居住費については1日ごとに，標準負担額を負担する。

【高齢者のための新たな医療制度等について（最終とりまとめ）】
　2010（平成22）年12月に高齢者医療制度改革会議は，上記の報告書を取りまとめた。後期高齢者医療制度は廃止され，新たな医療制度として生まれ変わることとなっている。

3．高齢者の虐待防止と権利擁護

(1) 高齢者虐待の分類と実情

◆ 高齢者虐待の定義と分類

　高齢者虐待防止法は高齢者を65歳以上の者と規定し，高齢者虐待を「高齢

表10-1　高齢者虐待の分類

身体的虐待	高齢者の身体に外傷が生じ，又は生じるおそれのある暴力を加えること。
介護・世話の放棄・放任	高齢者を衰弱させるような著しい減食または長時間の放置，養護者以外の同居人による虐待行為の放置など，養護を著しく怠ること。
心理的虐待	高齢者に対する著しい暴言または著しい拒絶的な対応その他の高齢者に著しい心理的外傷を与える言動を行なうこと。
性的虐待	高齢者にわいせつ行為をすることまたは高齢者をしてわいせつ行為をさせること。
経済的虐待	養護者または高齢者の親族が当該高齢者の財産を不当に処分することその他当該高齢者から不当に財産上の利益を得ること。

表10-2　養介護施設・養介護事業・養介護施設従事者

	養介護施設	養介護事業	養介護施設従事者等
老人福祉法による規定	老人福祉施設 有料老人ホーム	老人居宅生活支援事業	「養介護施設」又は「要介護事業」の業務に従事する者
介護保険法による規定	介護老人福祉施設 介護老人保健施設 介護療養型医療施設 地域密着型介護老人福祉施設 地域包括支援センター	居宅サービス事業 地域密着型サービス事業 居宅介護支援事業 介護予防サービス事業 地域密着型介護予防サービス事業 介護予防支援事業	

者が他者から不適切な取り扱いにより権利利益を侵害される状態や，生命，健康，生活が損なわれるような状態」とした（表10-1）。

高齢者虐待防止法では，虐待を家庭などにおける「養護者による虐待」と「養介護施設従事者等による虐待」に分類している（表10-2）。

◆ 高齢者虐待の実態

厚生労働省の「高齢者虐待防止法に基づく対応状況等に関する調査結果」(2010（平成22）年11月発表）によると，養介護施設従事者による高齢者虐待は2009（平成21）年度408件であった。相談・通報者は当該施設職員，次いで家族・親族が多い。施設種別では特別養護老人ホーム約3割，認知症対応型共同生活介護約2割である。虐待の種類は身体的虐待が約7割を占めていた。養護者による高齢者虐待については，2009（平成21）年度中の相談・通報件数は約2万3千件であり，相談・通報者は介護支援専門員・介護保健事業所職員が4割強である。虐待者の約9割は同居している。「未婚の子と同一世帯」約4割，「既婚の子と同一世帯」約3割である。虐待者は息子が約4割である。虐待の種類で多いのは身体的虐待約6割，次いで心理的虐待約4割である。

◆ 居宅における高齢者虐待の背景

高齢者虐待の背景に介護者の身体的精神的な介護負担の大きさがある。㈶医療経済研究機構の「家庭内における高齢者虐待に関する調査」によると，高齢者自身の要因（つまり被虐待要因）としては「高齢者本人の性格や人格」「高齢者本人の痴呆による言動の混乱」「高齢者本人の身体的自立度の低さ」などである。虐待者側の要因としては，「虐待者の性格や人格」「虐待者の介護疲れ」である。

虐待の背景として閑却してはならないのは「高齢者本人と虐待者との人間関係」がある。家族内での介護関係は，配偶者間介護，実の親子間の世代間介護，義理の親子間の世代間介護の3種類がある。なかでも義理の親子関係の世代間介護では，介護者と要介護者との過去の人間関係が虐待発生に大きな影響を与える。介護者と要介護高齢者の双方が介護関係を受け入れる条件が整っている

必要がある。

(2) 高齢者虐待防止法

◆ 高齢者の虐待防止と養護者に対する支援

「高齢者虐待の防止，高齢者の養護者に対する支援等に関する法律」は2006（平成18）年4月から施行され，「高齢者の虐待の防止」と「養護者に対する支援」を目的としている。同法では，高齢者の「尊厳の保持」が強調されるとともに，高齢者虐待の発見者に対し市町村への通報義務を課すとともに，高齢者を養護する家族等の養護者に対する支援も盛り込まれている。

◆ 虐待防止等に対する責務と具体的対応

高齢者虐待防止法では，市町村が高齢者の虐待防止，虐待を受けた高齢者の適切な保護，養護者に対する支援の第一義的な責任主体である。市町村の具体的対応策等は次のとおりである。

【虐待防止の責務と具体的対応策】
○介護・福祉・保健・医療等の関係者は早期発見の努力と協力義務。
○虐待があると思われ，かつ生命・身体に重大な危険が生じている場合，発見者は市町村へ通報義務。
○通報を受けた市町村は，速やかに高齢者の安全を確認し，保護の必要に応じ，措置や後見の審判請求ができる。
○市町村，その直轄の地域包括支援センターは立ち入り調査権を持つ。
○立ち入り調査拒否や忌避，質問への虚偽答弁等に対して罰則規定がある。
○立ち入り調査，質問において警察署長の協力を要請できる。

---

(3) 成年後見制度

要介護高齢者等の権利擁護のための新たな仕組みとしては，民法に基づく成年後見制度と社会福祉法に基づく日常生活自立支援事業（以前は，地域福祉権利擁護事業）がある。

成年後見制度とは，判断能力が低下したため自分の人生や生活をどのようにして過ごすかについて，適切に決定できなくなった高齢者等に支援者をつける

権利擁護の制度である。成年後見制度には法定後見制度と任意後見制度がある。

法定後見制度は，判断能力の低下した高齢者等の契約権等について，本人の能力程度に応じた権限（代理権，取消権，同意権）を支援者にもたせることによって本人の「最善の利益」を守る制度である。この制度には，会話の成立が困難で買い物ができない程度の能力の方を対象とした「後見」，支援があれば買い物ができる程度の能力と認められる方に対する「保佐」，重要な財産行為や契約等のみに補助人がつけば生活が行なえると考えられる能力程度の方のための「補助」の3類型がある。

任意後見制度は，判断能力が十全な段階に，将来判断能力が低下した場合，誰にどのような権限をもたせ報酬をいくらにするか等をあらかじめ公正証書として作成・登録し，判断能力低下後に，改めて任意後見監督人を決めてから発行する制度である。

(4) 日常生活自立支援事業

日常生活自立支援事業は，2006（平成18）年度までは地域福祉権利擁護事業と称されていた。この制度は，判断能力の低下した認知症高齢者，知的障害者，精神障害者等との契約により，① 福祉サービスの利用補助，② 日常的な金銭管理サービスの援助を行なう事業である。利用者本人の意思や希望をふまえ「支援計画」を策定して援助を行なう。ただし，サービスの利用対象者は，この事業による契約の内容について，判断しうる能力を有していると認められる場合に限られる。

援助の内容については，利用者との間で利用契約を締結し，「生活支援員」が地域での生活を営むのに不可欠な福祉サービスの利用等の援助を行なう。具体的には，情報提供・助言，申し込み手続きの代行，福祉サービス利用料の支払，苦情解決制度の利用援助などである。この他に，住宅改造，居住家屋の貸借，日常生活上の消費契約および住民票の届出等の行政手続きに関する援助，預金の払い戻し，預金解約，預金の預け入れの手続き等利用者の日常生活費の

管理（日常的金銭管理）などがある。生活支援員は社会福祉士，精神保健福祉士等である。

4．高齢者の住宅政策

(1) 高齢者の住宅確保の課題

　高齢者の持ち家率は高く，賃貸住宅等に居住する高齢者は少数である。とはいえ，持ち家でない住生活の面で不安定な状態にある高齢者の住宅確保問題がある。高齢者が民間の賃貸住宅に入居する場合，「体が弱ったり，病気になったりしたときの対応が難しい」「失火等，安全管理面で問題がある」「保証人がいない」「高齢者に適した設備・構造の物件がない」「家賃滞納に心配がある」などの問題が指摘されている。

　加えて，高齢者の多くは（内閣府「高齢者介護に関する世論調査」2003年7月）「可能なかぎり自宅で介護を受けながら住み続けたい」と希望している（44.7%）。このような住まい方を続けるには，「トイレや浴室への手すりの設置」「床の段差解消」「車椅子が通行可能な廊下幅・扉幅」を確保しなければならない。しかしながら，2003年時点で，住宅全体のうちバリアフリーとなっているのはわずかに5.4%，高齢者が居住している住宅でも6.7%にとどまっている（総務省「平成15年住宅・土地統計調査」）。今後，高齢者の住宅のバリアフリー化の促進が求められる。

(2) 高齢者の住宅政策・住環境の整備

　住生活基本法にもとづく「住生活基本計画」（2006（平成18）年9月閣議決定）では住宅確保面で配慮を要する高齢者等の居住の安定確保が目標とされ，「高齢者，障害者等への民間賃貸住宅に関する情報提供」と「高齢者向け賃貸住宅の供給，公的住宅と福祉施設の一体的整備」が掲げられている。さらに，高齢者住まい法（2009（平成21）年に高齢者居住安定確保法から改正）では，高齢者の住まいの確保について次のような施策を講じることとしている。

◆ 高齢者の居住の安定確保に関する基本方針の策定

国土交通大臣と厚生労働大臣が共同で定める。基本方針の内容は，① 高齢者に対する賃貸住宅および老人ホームの供給の目標設定，② 高齢者に対する賃貸住宅および老人ホームの供給促進に関する事項，③ 高齢者居宅生活支援体制の確保に関する事項である。都道府県では住宅部局と福祉部局が共同で，上記の基本方針を具体化した「高齢者居住安定確保計画」を策定しなければならない。

◆ 民間活力を活用した高齢者向け賃貸住宅の供給促進

民間事業者等による「ケア付き高齢者向け優良賃貸住宅」（高優賃）の建設や既存ストックの改良による供給について，国と地方公共団体が助成する制度を創設する。高齢者居宅生活支援施設と合築した高齢者向け優良賃貸住宅を認知症グループホームとして賃貸可能とする。

◆ 高齢者が円滑に入居し，安心できる賃貸住宅市場の整備

高齢者世帯の入居を拒まない賃貸住宅（高齢者円滑入居賃貸住宅＝高円賃）

表10-3　高齢者向けの賃貸住宅

高齢者円滑入居賃貸住宅（高円賃）	高齢者の入居を拒否しない民間賃貸住宅に関する情報を都道府県知事が登録し，その情報を広く提供する制度。家賃滞納への対策として債務保証制度を用意。
高齢者専用賃貸住宅（高専賃）	高齢者円滑入居賃貸住宅のうち高齢者の単身世帯や夫婦のみ世帯が入居の対象。「適合高齢者専用賃貸住宅」は，高齢者専用賃貸住宅のうち，厚生労働省令が定める基準に適合し都道府県知事に届け出たもの。介護保険法上の「特定施設」として扱われる。「適合高齢者専用賃貸住宅」において「特定施設入居者生活介護」事業を展開できる。
高齢者向け優良賃貸住宅（高優賃）	バリアフリー化され，緊急時対応サービスが利用可能な賃貸住宅。60歳以上の単身・夫婦世帯等を入居対象に，高齢者の生活支援のため任意の付加的サービスを提供したり，高齢者居宅生活支援施設等を併設して，より安心して住み続けられる住宅とすることができる。都道府県知事から認定を受けた高優賃を供給する事業者は高齢者住まい法により各種の支援措置を受けられる。

の登録制度と登録された住宅における家賃債務保証制度を創設する。

現在（2011年6月）の高齢者向けの賃貸住宅は表10-3に示してある。

◆ 高齢者居住支援センター

高齢者円滑入居賃貸住宅に入居する高齢者の家賃にかかる債務の保証，リバースモゲージによる住宅改良資金の貸付に係る債務の保証等を担当する。

【サービス付き高齢者住宅】

高齢単身や夫婦のみ世帯が住み慣れた地域で安心して暮らすことができるよう，24時間対応の「定期巡回・随時対応サービス」等の介護サービスと組み合わせる住宅政策である。国土交通省と厚生労働省との共管とされ，平成23年2月に閣議決定された。

高齢者すまい法の改正法は，平成23年4月に公布され，年度内に施行される。これにより，高円賃，高専賃，高優賃が廃止され，「サービス付き高齢者向け住宅」に一本化される予定である。

「サービス付き高齢者住宅」は規模・サービス・契約の基準を充足することによって登録が認められ，建築や改修の補助，税制控除を受けることができる。

5．高齢者，障害者等の移動等の円滑化の促進に関する法律

「高齢者，身体障害者等が円滑に利用できる特定建築物の建築の促進に関する法律」（ハートビル法），「高齢者，身体障害者等の公共交通機関を利用した移動の円滑化の促進に関する法律」（交通バリアフリー法）の2つの法律が，統合・拡充して，より総合的一体的な公共空間におけるバリアフリーの実現のために，「高齢者，障害者等の移動等の円滑化の促進に関する法律」（バリアフリー法）が2006（平成18）年に制定された（表10-4）。

表10-4 バリアフリー法の基本的枠組み

区分	内容
基本方針 (主務大臣による)	○移動等の円滑化の意義と目標 ○公共交通事業者，道路管理者，路外駐車場管理者，公園管理者，特定建築物の所有者が移動等の円滑化のために講ずべき措置に関する基本的事項 ○市町村が作成する基本構想の指針
関係者の責務	○関係者と協力した施策の持続的段階的な発展（スパイラルアップ） ○心のバリアフリーの促進 ○移動等円滑化の促進のために必要な措置の確保は施設設置管理者等に対する「基準適合義務」。移動等円滑化基準に対し，新設等は適合義務，既存施設等は適合の努力義務。 ○移動等円滑化に関する情報提供の確保
基準適合義務等	○旅客施設及び車両等，一定の道路，一定の路外駐車場，都市公園の一部の公園施設等，特定特別建築物（百貨店，病院，福祉施設等の不特定多数又は主として高齢者，障害者等が利用する施設等）
重点・整備地区における移動等の円滑化の重点・一体的な推進	○市町村は，高齢者，障害者等が生活上利用する施設を含む地区について，基本構想を作成。 ○公共交通事業者，道路管理者，路外駐車場管理者，公園管理者，建築物の所有者，公安委員会は，基本構想に基づき移動等の円滑化のための特定事業を実施。 ○重点整備地区内の駅，駅ビル等，複数管理者が関係する経路についての協定制度。

第11章　介護の概念や対象

１．介護の概念と範囲

(1) 介護の概念

◆法律上の「介護」の概念

　中島紀恵子によると，陸軍省陸達第96号の「陸軍軍人傷痍疾病恩給等差例」(1892 (明治25) 年12月) に「介護」の語が使用されている。また，1963 (昭和38) 年に制定された老人福祉法において，老人福祉施設である特別養護老人ホームで高齢者を世話する寮母職の行為を「介護」と規定していた。

　社会福祉士介護福祉士法における「介護」の規定は，同法制定時と2007年改正時で異なる。同法が制定された初期の「介護の規定」は「身体上又は精神上の障害があることにより日常生活を営むのに支障がある者につき入浴，排泄，食事その他の介護を行い」とあり，いわゆる3大介護を強調しつつ食事の介助等の心身の自立に向けた援助の総体を介護と規定していた。対して，2007 (平成19) 年の社会福祉士介護福祉士の改正法では，介護福祉士の職務である介護は「身体上又は精神上の障害があることにより日常生活を営むのに支障がある者」を援助の対象としつつ，「心身の状況に応じた介護」に変更されている。介護の概念が包括的な規定へと変更されているのである。

　介護保険法においても，介護サービスの定義や介護とは何かについても明確な定義は行なわれていない[1]。現状において，「介護」に関する厳密な法律上の規定は定まっていないといえよう。

◆介護の概念－様々な議論－

　介護の概念は論者により様々である。表11-1にはいくつかの代表的な定義が例示されている。

表11-1 様々な介護の概念

仲村優一, 岡村重夫, 阿部志郎, 三浦文夫, 柴田善守, 嶋田啓一郎編『現代社会福祉辞典』全国社会福祉協議会, 1982（昭和57）年	【吉田恭爾】 あるひとの身体的機能の低下, 衰退, 喪失の場合に起こる生活上の困難に対して, 身体的機能をたかめ補完する日常生活の世話を中心としたサービス活動を「介護・介助」という
仲村優一, 岡村重夫, 阿部志郎, 三浦文夫, 柴田善守, 嶋田啓一郎編『現代社会福祉辞典』全国社会福祉協議会, 1988（昭和63）年	【本間真宏】 重度の心身障害者やねたきりの老人, 病人など日常生活を営むうえで生ずる諸困難に対するサービス
森岡清美, 塩原勉, 本間康平編集代表『新社会学辞典』有斐閣, 1993（平成5）年	【副田あけみ】 基本的には, 身辺の自立ができない人, 保護や介助を必要とする人に対する基本的生活欲求充足のための行為（摂食, 排泄, 洗面, 着替え, 入浴など）を援助する身辺の具体的な世話活動
小笠原祐次, 橋本泰子, 浅野仁編『高齢者福祉』有斐閣, 1997（平成9）年	【中村律子】 〇生理的生活の維持と継続を内容とする援助。身辺介助, 食事介助, 排泄介助, 入浴介助, 衣服の着脱, 睡眠介助等の日常生活能力（ADL）の維持。〇生活場面における継続性。IADLの維持。〇精神的情緒的安定を支える援助。日常会話, いたわりや配慮, 楽しみの提供。〇介護支援諸サービスが包括的に, 必要に応じて安定的に持続的に提供される社会的な介護体制が確立してはじめて, 介護内容や介護環境がさらに充実。 　介護は, 要介護状態にある高齢者の命や生きる意欲と自己実現を支えることであり, それを実現するための具体的な方法や技術。
庄司洋子, 木下康仁, 武川正吾, 藤村正之編『福祉社会事典』弘文堂, 1999（平成11）年	【木下安子】 身体的または心理的な原因で, 自分自身では, 日常の生活行動が充分に営めない状態にある人に対し, 直接的にその身体や心に働きかけて, 必要な生活行動をうながし, あるいは補完して世話（ケア）を行い, 人間として生活を可能にすること
福祉士養成講座編集委員会編集『新版社会福祉士養成講座14　介護概論』中央法規出版, 2001（平成13）年	【中島紀恵子】 介護とは, 介護という「関係」のうえに成り立つ援助の行為表現をいう。健康や障害の程度を問わず, 衣・食・住の便宜さに関心を向け, その人が普通に獲得してきた生活の技法に着目し, もし身の回りを整えるうえで支障があれば, 「介護する」という独自の方法でそれを補うという形式を持って支援する活動
川井太加子, 是枝祥子, 田中雅子, 森繁樹編『新・介護福祉士養成講座3　介護の基本Ⅰ』中央法規出版, 2009（平成21）年	【是枝祥子】 介護とは, 高齢や障害があり, 自分らしい生活に不都合が生じた人に対し, 社会で自立したその人らしい生活が継続できるように支援すること
岡田進一, 橋本正明編『社会福祉士養成テキストブック⑪高齢者に対する支援と介護保険制度』ミネルヴァ, 2010（平成22）年	【峯尾武巳】 人が生活していくうえで, その人が今まで普通にできていた食事, 入浴, 排せつ等の身の回りの生活動作や意思決定等が, 病気や老い, 障害等によってできなくなるつらさや悩みにかかわり, その人の生活が今までと同じように継続されるよう, その人や家族, 関係する人々とともに考え, その人の身体や家庭生活, 社会生活に直接関わり支援する活動

いずれにせよ，加齢あるいは疾病による心身の機能低下を起因として，自立的な生活を成り立たせるのが困難な状態にある高齢者に対し，食事，排泄，清潔，入浴，睡眠，衣服の着脱等の面で支援する行為が「介護」ということになる。

(2) 介護の範囲
◆ 介護の範囲

介護は，単に身体的な面での支援に限られるものではない。日常生活を過ごすうえでの手段的な面での支援も介護を構成する。よって，要介護高齢者に対する介護の範囲は，大別すると，身体的介護と生活上の援助となる。これら以外に，実際の介護行為に関連してコミュニケーションや相談援助も広義の介護といえるであろう（表11-2）。

表11-2 介護の範囲

身体的介護	ADL（日常生活動作）に支障がある高齢者に対して，洗面，衣服の着脱，食事，排泄，入浴・清拭，移動・移乗，体位変換等の介助を行なう。
生活上の援助	掃除，洗濯，ベッドメーキング，衣類の整理，被服の補修，一般的な調理・配下膳，買い物，薬の受け取り。
コミュニケーション 相談援助	身体的介護や生活上の援助と一体的に提供するコミュニケーション，家族などへの介護指導を含む相談援助。

◆ 介護と医療ケア

「医師法17条，歯科医師法17条及び保健師助産師看護師法31条の解釈について」（2005（平成17）年7月26日医政発0726005号）において，条件付きにより介護場面における医行為の規制緩和が行なわれた。

2008（平成20）年に実施された「特別養護老人ホームにおける医療的ケアに関する実態調査」において，介護老人福祉施設における医療的ケアの実態が明らかにされた。それによると，実施頻度が高いのは「服薬管理（麻薬の管理を除く）」74.6％，「経鼻経管栄養及び胃ろうによる栄養管理」9.9％，「吸引」5.3％，

【介護職が一定の条件下で可能な医療ケア】
○訪問介護の医療ケア：ALS（筋萎縮性側索硬化症）患者に限らず，一定の条件のもとで，「たんの吸引」が認められる。ただし，危険性が高いため，口鼻腔内吸引，気管カニューレ内部までに限定。
○その他の医療ケア：医行為については，医師法や保健師助産師看護師法によって，介護職員等の医師又は看護師免許を持たないものが行うことを禁じていた。しかし，厚生労働省では，介護現場では，利用者の要望等に応じて法を拡大解釈した行為が行われるケースが多いことから，「医行為」であるか否か判断が難しい医療的ケアの中で，原則として「医行為ではないとするもの」を次のように示している。① 腋あるいは外耳道での水銀体温計・電子体温計・耳式体温計による体温の測定。② 自動血圧測定器による血圧測定。③ 動脈血酸素飽和度を測定するためのパルスオキシメータ装着。④ 軽微な切り傷，擦り傷，やけど等の専門的な判断や技術を要しない処置。⑤ 皮膚への軟膏の塗布，皮膚へのシップの貼付，点眼薬の点眼，1包化された内服薬の内服，肛門への座薬挿入，鼻腔粘膜への薬剤噴霧の介助。

「創傷処置」4.6％，「浣腸」3.7％，「摘便」3.7％である。

　厚生労働省は，2010（平成22）年4月1日の通達により，「口腔内のたんの吸引」「胃ろうによる経管栄養」については，一定の条件の下で介護職員がそれを行なうこともやむを得ないと判断した（実質的違法性阻却）。ただし，それでは，「口腔内のたんの吸引」「胃ろうによる経管栄養」は医行為に該当するが，例外として介護職が行なうことが認められているにすぎない。介護職が従事可能な医療ケアの範囲について検討が続けられ，厚生労働省の「介護職員等のたんの吸引等の実施のための制度のあり方等について　中間まとめ」(2010（平成22）年12月13日）において次のように示された。介護職が従事する医療ケアについては，① 一定の基準を満たした施設・事業所に限定する。介護関係施設は，特別養護老人ホーム，老人保健施設，グループホーム，有料老人ホーム，通所介護，短期入所生活介護等，在宅は訪問介護，重度訪問介護等に限定する。② 介護職員等ができる行為の範囲は，たんの吸引（口腔内，鼻腔内，気管カニューレ内部）については，口腔内，鼻腔内は咽頭の手前までとする。経管栄養（胃ろう，腸ろう，経鼻経管栄養）のうち，胃ろう，腸ろうの状態確認，経鼻経管栄養のチューブ状態の確認は看護職員が担当するというものであ

った。

2011（平成23）年6月の介護保険法等の改正により、喀痰吸引等の実施に関する扱いが変更された（平成24年4月実施予定）。① 養成カリキュラム改正後の介護福祉士は、医師の指示のもと、診療の補助として喀痰吸引および経管栄養が可能となった。② 介護福祉士以外の介護職についても、都道府県が実施する研修課程を修了し「認定特定行為業務従事者」認定証を交付された者は、喀痰吸引等の「特定行為」に従事することが認められた。なお、その場合、「登録特定行為事業者」に登録した事業所に限られる。

2．介護の目的・方法・対象

(1) 介護の目的

身体的な面での介護や生活上の援助は何を目的とした行動なのであろうか。

表11-3　介護の目的

自立の支援	○要介護高齢者の自立とは、要介護度やその健康状態、障害の有無や程度あるいは病気の状態に関わらず、他者からの援助を受けながらも、自分らしい生活や人生を自らの決定により選択できるようになること。 ○主体は高齢者自身であり、支援はあくまでも「側面的な支援」を原則とする。高齢者自身の潜在的な能力を活用する支援。 ○自立は、経済的自立、社会的自立、身体的自立そして精神的自立などに区分できる。要介護高齢者の自立支援では、身体的自立のための支援が自明のこととされるが、あわせて自己決定のための精神的自立も重視されるべきである。
QOLの向上	○「生活の質（QOL）」を高める介護とは、要介護の高齢者が生きる意義を見い出し、少しでも快適な生活を過ごせるよう生活環境を整えること。たとえば、日々の生活に潤いを加えたり季節感などの変化をつける。
人間の尊厳の確立	○認知症や寝たきり等の要介護状態となっても、高齢者が人間としての尊厳を高めることができるように努める。介護はそれ自体が個々の高齢者の心身の自立を支えるのみならず、それを通じて人間としての尊厳を高めることを目指す。 ○日々の介護は「尊厳を支える介護」でなければならず、高齢者の人権への配慮や尊厳の保持、権利主体としての認識等が不可欠。

介護行動の目的としては，表11-3のように，「自立の支援」「QOLの向上」「人間の尊厳の確立」などが具体的に想定される。

表11-4　介護の方法

基本的人権の尊重	要介護状態であっても，一人の自立した人間として基本的人権は保障される。
利用者との信頼関係	利用者との対等な協働関係，信頼ある円満な人間関係の上に介護サービスは提供される。
生活習慣・価値観の尊重	高齢者個々人の生活習慣，意向やライフスタイル・価値観を尊重する。
エンパワメント	利用者の意欲や環境のストレングス（強み）に着目する。要介護高齢者に内在しているパワーを引き出し，自信や希望の回復に努める。残存能力を活かす。
自己決定の尊重	自分のことを自分自身で決定し，主体性の確立に努める。
利用者の理解	利用者のあるがままを受けとめ理解する。留意すべきは，サービスの提供による「最大の受益者は誰か」ということである。
安全・安寧の確保	生命や生活上の安全の確保のために事故防止に努める。安心できる生活の形成に努める。
自己否定的感情の除去	要介護状態になると，自己の存在を否定しようとしたり，世話を受けることを恥じたりする場合がある。自己否定的感情除去するように努める。
社会的生活圏の拡大	要介護状態になると移動の制限が生じる。それを乗りこえ近隣等のコミュニティとの交流を図り生活圏を広げる。
多職種との連携	他の専門職種との連携を図ることによって介護の目的の達成に努める。

(2) 介護の方法

　要介護状態にある高齢者の「自立の支援」「QOLの向上」「人間の尊厳の確立」といった「介護の目的」を達成するには，介護職が常に意識し留意しなければならない「介護の方法」を表11-4にまとめてある。

　なお，2000（平成12）年に厚生労働省令として身体拘束が禁止された。身体拘束が人権侵害行為であり，車椅子への固定，ベッドに縛り付ける，手指の自由が利かない手袋をはめる，つなぎ服などが禁止された。利用者の安全確保な

どのため，やむを得ず行なう場合は，事前に家族等の承諾を得る必要がある。

(3) 介護の対象

　介護保険制度における介護の対象者の中心は，要介護認定ならびに要支援認定がなされた要介護高齢者等である。この他，要介護認定や要支援認定の結果で非該当となっても，「要介護や要支援になるおそれのある高齢者」は虚弱高齢者として介護予防事業の対象者である。これらの虚弱高齢者も広義の介護の対象者となろう。

【注】
（1）筒井孝子『介護サービス論』有斐閣　2001年

第12章　介護過程と介護技法

1．介護の過程

(1)　介護過程と介護計画

　「介護の目的」を達成するために，「介護の方法」に留意しつつ，要介護高齢者等の生活を支援するための個々の介護実践を，時系列として系統的に組み合わせたものを「介護過程」ということができる。介護過程は生活上の諸課題を解決するために，評価と修正が加えられ継続的に循環する過程である。

　介護過程は，要介護高齢者等の抱える生活上の課題を発見・把握するところから始まる。介護過程には介護計画が必要不可欠である。介護計画は介護サービス計画の一部を構成する。介護サービス計画は，居宅の要介護高齢者を対象にした場合は居宅サービス計画となり，介護保険施設に入所している要介護高齢者を対象にした場合は施設サービス計画となる。いずれのケアプランも，1人の要介護高齢者の自立支援等の「介護の目的」を達成するために，医療・保健・福祉・介護等の諸サービスによる支援計画である。この介護サービス計画に基づいた要介護者に提供される様々な支援サービスのなかで，ケアワーカー等の介護職によって提供される支援計画を「介護計画」と位置づけることができる。

(2)　介護過程の構成要素

　介護過程の構成要素としては，情報の収集 ⇒ アセスメント ⇒ 介護計画の立案 ⇒ 介護の実践 ⇒ 評価・考察である。

◆ 情報の収集

　要介護高齢者等の利用者の個別的な特性に留意しつつ，利用者の生活上の課

題を明らかにするために次のような利用者情報を収集する。① 基本的な情報としては日常生活状況，生活習慣，コミュニケーション能力，生活歴，利用中の福祉・介護サービス，主訴，介護認定関連の情報。② 身体的側面については健康状態，既往症，ADL，IADL，認知症の有無と程度，利用している医療機関。③ 心理的側面は情緒・精神面の状態，価値観，嗜好等。④ 社会的側面は家族の構成と家族関係，親族や近隣等との関係，キーパーソン，社会資源の有無。

◆ アセスメント（課題の抽出）

　介護過程が展開するうえで生活上の課題の発見は重要である。アセスメントは，収集した情報から要介護高齢者等の様々な生活ニーズを抽出・分析して介護計画立案上の課題を明らかにする。生活上の課題は，複数見い出されることもあり，それ自体が日々変化する可能がある。また，それぞれきわめて個別性が強いものである。

　なお，高齢者自身が自らの生活ニーズの要因や背景について気づいていない場合もある。利用者が気づかない課題について，あらかじめ説明し利用者の同意を得る必要がある。

◆ 介護計画の立案

　高齢者一人ひとりの個別的な生活目標の達成に向けて組み立てられた「介護実践の具体的内容とそれを実現するため具体的方法」の詳細を定めたのが介護計画である。そこには，「誰が，どこで，いつ，どのようにして，どのような種類のサービスを，どの程度提供する」のかといったことが明記されなければならない。生活目標には，たとえば緊急性を要するために短期間での達成が求められる短期的目標と，すぐには解決が困難な長期的目標がある。また，生活目標として解決すべき課題には優先順位を付けておかねばならない。

　なお，介護計画の主体は利用者である要介護高齢者自身である。したがって，生活目標の設定にあたり当人の了解を得るのは当然のこととして，それが利用者の満足や喜びにつながること，あるいは心身の苦痛や不安から解放するもの

となるべきである。

◆ 介護の実践

　介護の実践は介護計画にしたがって実施される。ただし，要介護高齢者の心身の状況は日々変化するから，状態によっては計画通りに遂行できないことがある。そのような場合，介護計画に関与しチームとしてサービスを提供する他の専門職や計画立案者に連絡する。とくに，介護実践では，高齢者の心身の状態の急変に気をつけておかねばならない。

◆ 評価と考察

　実践した介護は評価し分析される。分析の結果とそれに対する考察は，介護計画の修正や変更に活用される。介護実践に対する評価が実施されることによって，介護計画はPDCAサイクルモデル[1]を完成することになり，循環型のケアプランとなるのである。

　評価ポイントをいくつか例示すれば，① サービス利用者の心身の状態は改善されたか，② 介護実践において無理はなかったか，③ 目標はどの程度達成できたのか，④ 目標が達成できなかったならば，その原因は何か，⑤ 利用者や家族は満足しているか，⑥ 採用した方法や技術は適切であったか等である。評価の結果，目標が達成されていれば介護計画は終了となる。目標が達成されていない場合，新たな課題が発生している場合は，介護計画を修正・立案することになる。

(3) 介護の基本的態度

◆ コミュニケーション

　コミュニケーションとは人間と人間の情報の交換である。われわれは日常的に自らの意思などを相互に伝え合い，また理解しあうことで日々の暮らし，家庭生活，職場での仕事が成り立っている。コミュニケーションの媒体には，言語，文字，身体などがある。言語コミュニケーションでは言葉や文字を使い，非言語コミュニケーションにおいては身振り，姿勢，顔の表情等の身体動作，

握手などの接触行動，化粧や服装，視線などがある。

　高齢者とのコミュニケーションで留意したい事項は，利用者の正面から視線を合わせること，表情を豊かにすること，言語・非言語の両方のコミュニケーションを活用すること等である。

◆観察

　介護職が利用者である要介護高齢者について注意深く「観察」することは，きわめて重要なことである。すでに述べたように，要介護高齢者の場合，心身の状態が急変する可能性があるから，観察には視覚，聴覚，触覚，嗅覚等のすべてを動員する。

　観察の対象は，バイタルサイン（呼吸，体温，脈拍等）をはじめ全身状態（皮膚，浮腫，感覚等）である。さらに，聴覚・平衡感覚の状態，言語機能や視覚機能の状態も観察の対象に加えられる。

◆記録

　介護実践は記録される必要がある。記録されることにより，個々の介護実践の成果が明らかとなる。介護実践の結果何らかの効果があれば，特定の課題に対する介護実践の選択根拠が明確化され正当化されたことになる。反対に，うまくいかなかった場合，その介護実践の選択は次から採用されることがなくなる。これらの情報を介護職のみならず，複数の専門職や関係機関で共有しなければならない。「記録」は，事例研究やスーパービジョン等の教育研究データとしても活用されることになる。なお，記録に関連して注意すべきは，守秘義務であり個人情報管理である。

2．介護の技法

(1) 食事介護の意義と要点

　人間が心身の活動に必要な栄養分を確保して，生命を維持し日々を暮らしていくには食事は欠かせない。かつて日本人は一日に2食の食事であったが，今日では，朝食，昼食，夕食の一日3回の食事を通して必要とされる栄養を確保

している。硬いものが食べられない，飲み込むことができない等の摂食障害をもつ高齢者もいる。食事は生命維持に不可欠であり，この点からも，食事介護が高齢者を支援する介護活動のなかで重要な位置を占めるのである。

ところで，食事は栄養分の補給という機能にのみ着目していれば良いのだろうか。食事はそれ自体で「生活における楽しみや潤い」という側面をもっている。食事は，コミュニケーションの機会でもある。さらに，食事には文化という側面がある。

食事介護の際に留意すべきポイントは次のとおりである。① 食事のために移動が可能か，② 食事であることを理解できているか，③ 用意された食器や箸などを使うことができるか，④ 摂食・咀嚼・嚥下能力の状態確認，⑤ 排泄状況の確認，⑥ 疾病や服薬による食事制限等である。

食事介護に関連して，口腔内の衛生管理，口腔内の疾病や虫歯の予防なども重要である。

(2) 排泄介護の意義と要点

私たちがこの世に生まれてから成人に至るまでの「社会化」の過程で，もっとも厳しくしつけられるもののひとつが「排泄」である。自分で排泄行為をコントロールできない乳児期において，「おねしょ」をして親に叱られ排泄行為のコントロールを身に付けていくことになる。また，排泄の場面を他者に見せないようにしつけを受けてきた。排泄行為は，「他者に見られてはならないこと」であり，他者に見られることは「恥ずかしい」ことと強調されてきた。排泄の介護では，この点に配慮することがとりわけ重要である。

高齢者にとって「恥ずかしい」と感じることは大切である。「恥ずかしい」と感じなくなり，さらに排泄について他者に全面的に依存してしまうと，それは自らの主体性と自尊心あるいは自立心を失うことにもつながる。

排泄介護において留意すべきポイントは次のとおりである。① 排泄を訴えることができるのかといった排泄感覚の有無の確認。② 部分的であれ排泄動

作が可能な場合，問題なく排泄できているか，介助が必要なのか。③ 健康状況全般あるいは水分摂取量や下剤等の服薬の状況と排泄の関係の確認。④ 食事の状態や一日の活動状況と排泄の関係の確認。⑤ オムツ，ポータブルトイレ等の排泄方法に対する適切性と本人の満足感。

(3) **睡眠の介護**

　私たちにとって睡眠は日々の生活習慣の一部である。多くの人にとって意識するような事柄ではない。しかしながら，高齢者にとって睡眠は心身機能の健全性の維持，健康保持やその増進の面で重要な位置を占める。要介護状態にある高齢者の睡眠不足や睡眠障害は，疲労感をもたらし，情緒を不安定にし，健康を悪化させる要因ともなりうる。適切な睡眠時間の確保は高齢者介護の基盤を形成するものである。

　睡眠の介護では，入眠に必要な援助として室温や湿度の管理といった環境条件を整えることが前提となる。この他，昼間の衣類と夜間の衣類とを区別すること，単調になりがちな日々の暮らしにメリハリをつけることなどがある。加えて，睡眠介護では口腔ケアについてもあわせて考慮しなければならない。この他，睡眠介護で留意しておかなければならないのは，心身の疾病の有無と症状の確認，服薬状況，日中の活動状況等がある。

(4) **入浴の介護**

　入浴は身体に付着した汚れを落とし清潔を保持する，病気の予防といった意義をもっている。心理的な面でも，入浴は爽快感を与えるものであり，精神的な疲労を癒す効果をもっている。

　入浴の介護で留意すべき点は，何よりも安全の確保であり，バイタルサイン等の健康状態の確認，心身の疾病の状況，運動機能の障害の有無と程度等を確認しておく必要がある。

(5) 移動の介護

日々の生活を成り立たせるために，移動は必要不可欠である。食事・排泄・入浴のいずれにしても，それを自立的に行なうには「移動」することが前提になる。移動の介護にあたっては，身体部位の麻痺などの身体機能の障害の状態等について十分に把握しておかねばならない。また，入所施設では施設・設備の状況，居宅の場合は居室と廊下の段差等もあらかじめ調査しておく必要がある。なお，移動の介護では福祉用具の適切な活用が重要である。

3．認知症ケア

(1) 認知症とは

脳は，我々のほとんどあらゆる活動（言語活動，身体活動，精神活動等）をコントロールしている。脳に疾患や障害がある場合，意思の表明，言語の発声，運動等の人間の活動はスムーズにはできなくなる。

介護保険法による認知症の定義（第7条第15項）は，脳血管性疾患やアルツハイマー病等の要因に基づく脳の器質変化により，日常生活に支障が生ずるまで記憶機能ならびに認知機能が低下した状態とされている。「脳の器質変化」とは，脳細胞の部分的な死滅や機能低下のことである。これを起因として，様々な心身の障害が発生し，日常生活を送るうえで支障が出ている状態（6ヶ月以上持続）を認知症という。

加齢とともにモノ忘れが増えてくる。これは生理的老化であり，病的な変化である認知症による記憶障害とは異なる。ただ，病的な認知症による記憶障害なのか，単なるモノ忘れをするようになったのかを判別することはかなり困難ではある。

(2) 認知症の種類

認知症を引き起こす要因（病気等）は様々だが，最も多いのは脳細胞が徐々に死滅していく「変性疾患」と呼ばれる病気である。アルツハイマー病が代表

例である。「不可逆的な疾患」であり，緩徐に進行する。初期段階は「年をとったのでモノ忘れをするようになってきた」といった程度であり，誰も気付かない。40歳代から発症する可能性がある。「全般性認知症」であり脳の萎縮がみられる。

　次に多いのが脳血管性認知症である。脳梗塞，脳出血，脳動脈硬化等により神経細胞に栄養や酸素が供給されず，その結果として神経細胞が死滅するというものである。脳血管の障害であるから，ある日突然発症する。脳の血管障害が悪くなるたびに，段階的に急激に悪化していく。ただし，薬剤や外科的な手術により改善させる可能性がある。反面，身体機能も一気に悪化する可能性もあり，そのまま寝たきりとなり，入院等による生活環境の激変から，急速に認知機能が低下していくことがある。脳のどの場所が血管障害となるのかによって，症状は多様である。

(3)　認知症の判断基準—様々な判定スケール—

　認知症のアセスメントスケールには，知能機能検査（質問紙方式），行動観察尺度（観察方式），そしてADL（日常生活能力）評価尺度がある。知能機能検査方式には「改訂長谷川式簡易知能評価スケール」，行動尺度観察には「柄澤式「老人知能の臨床的判断基準」，そしてADL評価尺度には「N式老年者日常生活動作能力評価尺度」がある。また，厚生労働省からは1993年に「痴呆症である老人の日常生活自立度判定基準」が示されている。

(4)　認知症の症状と問題行動

　認知症の症状には，中核的症状と周辺症状がある。記憶障害や見当識障害などの中核的症状の改善は困難であるが，周辺症状については適切なケアにより改善や予防が可能である。

　認知症の症状は，高齢者本人の性格や素質あるいは生活環境・心理状態（たとえば，不安感，焦燥感，被害意識，身体不調，ストレス等）を媒介変数とし

表12-1 認知症の中核的症状

- 記憶障害：自覚しないモノ忘れ。思い出す力の低下。覚える力の低下。
- 見当識障害：どこにいて，何をしているのかわからない。季節感がなくなる。
- 理解・判断能力の低下：物事を理解し判断する力が衰える。考えるスピードが遅くなる。2つ以上のことが重なるとうまく処理できない。些細な変化で混乱する。観念的な事柄と現実的具体的な事柄が結びつかない。
- 実行機能の障害：今までできたことができなくなる。計画を立て，按配することができなくなる。

て，様々な周辺的な症状が発現することがある。徘徊，不潔行動，異食，幻覚，妄想，攻撃的言動，性的逸脱行動，危険行為，作り話，無為，無気力，不眠などである。

(5) 認知症高齢者ケアの原則

認知症高齢者のケアでは，日常生活の継続性の維持と高齢者の生活上の個別性に留意した介護サービスの提供が求められる。また，アルツハイマー型認知症は徐々に進行するのが特徴であり，症状が悪化する過程について本人の自覚がある場合もあり，「認知症になったことへの驚き，戸惑い，おそれ，怒り，悔しさ，悲しさ，無力感」などの心理状況を引き起こすおそれが大きい。このような状態をサポートする意味でも，直接的な介護に従事する専門職の関係性の維持が大切である。

認知症高齢者をケアする際の留意点としては，①喪失機能と残存機能に関する適切な評価，②回復可能性のある機能の回復能力に対する見極め等がある。また，「認知症の人は何もわからない」というのは間違いである。多くの場合，認知症であることを認めたがらない。あるいは認知症であることを否定することは自己防衛の一種である。認知症ケアでは，その気持ちを理解する必要がある。

(6) 認知症高齢者支援対策

1986（昭和61）年8月，厚生労働省（当時，厚生省）に認知症老人対策推進本部が設置され，認知症高齢者施策の体系的展開が図られるようになった。2008（平成20）年の厚生労働省「認知症の医療と生活の質を高めるための緊急プロジェクト」の提言を受け，現在，次のような施策体系となっている（表12-2）。

表12-2　認知症高齢者支援対策

(1) 認知症地域支援施策推進事業
　○市町村認知症施策総合推進事業：市町村を実施主体に，市町村レベルでの医療機関や介護サービス等をつなぐコーディネーターとして「認知症地域支援推進員」を配置，介護と医療の連携強化，地域における支援体制の構築。これまでの認知症地域支援体制構築等推進事業，認知症対策連携強化事業及び認知症ケア多職種共同研修・研究事業を再編。認知症地域支援推進員を地域包括支援センターや市町村に配置。
　○都道府県認知症施策推進事業：管内市町村の認知症地域支援体制及び認知症ケアに関する先進事例等を収集し，普及させる。都道府県認知症施策推進会議を設置。集めた情報は市町村認知症連絡会で共有化。
(2) 市民後見推進事業
　○弁護士等の専門職後見人だけでなく，専門職以外の市民後見人を中心とした支援体制を構築。市民後見人は一定の研修を経て活動し，弁護士，司法書士，社会福祉士等が支援する。
(3) 高齢者権利擁護等推進事業
　○高齢者虐待防止シェルター確保事業：虐待を受けた高齢者を一時保護するための施設の確保対策。
　○都道府県市民後見人養成事業：市町村が単独では市民後見人の養成が困難な場合，広域的見地から都道府県が実施。
(4) 若年性認知症対策総合推進事業
　○都道府県における若年性認知症施策を活性化。
(5) 徘徊・見守りSOSネットワーク構築事業
　○徘徊高齢者の見守り支援。早期発見。徘徊・見守り協力員。
(6) 認知症地域医療支援事業
　○認知症サポート医，かかりつけ医（認知症対応力向上研修修了者）は，認知症医療や地域における医療と介護連携に必要不可欠。
(7) 認知症サポーター
　○認知症に対する正しい知識と理解を学習し，サポートの方法を学ぶ。受講者にはオレンジリング。

この他，認知症疾患医療センター運営事業として，全国に150ヶ所を設置予

定である。同センターでは，神経心理学的検査等の総合的評価と認知症の専門医療を担う。

4．終末期ケア

(1) 終末期ケアの意義

◆ 終末期と死の場所

われわれにとって死は，誕生してから70〜80年生きた後の人生の晩年に訪れるものである。むろん，それ以前に重大な病気にかかりそれほど長くない人生となる場合もあるし，事件や事故に巻き込まれ突然死が訪れることもある。

人間の死には病気が密接に関係している。人生の晩年に遭遇する死は病気に起因する。死に至る終末期は，医学的判断により治癒不能な状態と診断され，余命6ヶ月以内になった期間ということができる。

「人口動態統計」（2008（平成20）年）によると，死の場所は病院・診療所が82.6％，介護保険施設等が4.5％，在宅が11.7％である。病院や介護保険施設などの「施設死」が大部分を占めている。

◆ 終末期ケアの意義

高齢者福祉が関心を寄せているのは，人間の医学的な「死」それ自体ではない。高齢者自身が自らの「死」をどのように受け入れるのか，死に至る終末期を人間らしく過ごしていくための終末期のケアやサービスのあり方である。

人間は徐々に心身の衰えを感じ，また身近な人間の死を経験していくことによって，自らの死を意識し受け入れていく。一人ひとりが死を受容し，人生最後の期間を有意義に過ごすための，終末期ケアはその人らしい生き方への援助である。

終末期ケアでは，医師等の医療従事者等から情報の提供と説明がなされ，患者自身が医療従事者と話し合い，患者本人の決定を基本として終末期医療をすすめる。加えて，福祉・保健・心理等々の多様な専門職の連携によるチームが編成される。

(2) 終末期の考え方とケア

人間の終末期の考え方は様々である。主なものを簡単に整理すると次のとおりである。

◆ 尊厳死とリビング・ウイル

尊厳死は，その時点での医療水準では回復の見込みのない状態の高齢者に対し，延命治療を行なうのではなく，人間としての尊厳を保ちながら自然に死を迎えるという考え方である。いわば消極的安楽死とでもいうべき考え方である。作為的に安楽死を行なう積極的安楽死とは異なる。

日本安楽死協会は，自らが「自分の傷病が今の医学では治癒の見込みがない状態にあり，死期が迫っているときに，自らの死のあり方を自ら選ぶ権利がある」と表明している。

リビング・ウイルとは，自らの死のあり方を書面に示すという考え方の運動である。リビング・ウイルは「尊厳死の宣言書」とでもいうべきものである。リビング・ウイルは何度でも書き直すことができる。

◆ ホスピスケア

ホスピスケアの考え方は，末期がん患者への取り組みから始まる。死に直面している人とその家族に対し，身体的，精神的，社会的そしてスピリチュアルなケアを提供することにより，緩和サービスと支援サービスの調和が取れたプログラムを構成する。医師，看護師，心理療法士，医療ソーシャルワーカーなどの複数の専門職，さらにボランティアや宗教者から編成されるチームによってプログラムは遂行される。死後には，遺族に対し援助を行なう。

治癒を目的とした医療ではなく，安楽をもたらすケア，症状緩和や痛みの緩和が中心となる。患者と家族に対し，社会的・心理的なニーズに応じた個別的なケアを行なう。生命を脅かす病気に直面している高齢者やその家族に関し，痛み等の身体的問題，心理的不安や社会的問題，さらにスピリチュアルな問題を早期発見し，的確な治療・処置により苦しみを除去あるいは和らげて，終末期の生活のクオリティ・オブ・ライフを改善するアプローチである。

【注】
(1) PDCAサイクルモデルとは，Plan（計画），Do（実行），Check（評価），Act（改善）の循環型の業務管理を実施することによって，継続的に行なわれる業務改善計画のことである。

【参考文献】

井上千津子編『介護の基本』（介護福祉士養成テキストブック４）ミネルヴァ書房　2009年
大山正『老人福祉法の解説』全国社会福祉協議会　1964年
小笠原祐次・橋本泰子・浅野仁編『高齢者福祉（これからの社会福祉４）』有斐閣　1997年
岡本多喜子『老人福祉法の制定』誠信書房　1993年
介護サービス事業研究会編『介護サービス事業の経営実務』第一法規　2011年
厚生統計協会編集発行『国民の福祉の動向』2010年
澤田信子・石井亮子・鈴木知佐子編『介護福祉士養成テキストブック　介護過程』ミネルヴァ書房　2009年
社会福祉士養成講座編集委員会編『新社会福祉士養成講座　高齢者に対する支援と介護保険制度―高齢者福祉論』中央法規　2009年
J. タンスタール（光信隆夫訳）『老いと孤独―老年者の社会学的研究―』垣内出版　1978年
筒井孝子『介護サービス論』有斐閣　2001年
成清美治・峯本佳世子編著『高齢者に対する支援と介護保険制度」学文社　2009年
日本認知症ケア学会編『認知症ケアの実際Ⅰ　総論』ワールドプランニング　2007年
福祉臨床シリーズ編集委員会編（矢部広明・宮島直丈責任編集）『高齢者に対する支援と介護保険制度―高齢者福祉・介護福祉―』弘文堂　2009年
藤井賢一郎『介護保険制度とは』東京都社会福祉協議会　2011年
松村健生「定年退職と社会的適応」『季刊社会保障研究 14-2』　1978年
山根常男「老人の地位・役割の変化」那須宗一・増田光吉編著『講座日本の老人3　老人と家族の社会学』垣内出版　1972年
吉田久一『新版日本社会事業の歴史』勁草書房　1985年
和田勝・唐澤剛『平成19年版　介護保険の手引』ぎょうせい　2007年

【参考資料】

〔1〕厚生労働省関係
『介護予防事業について―地域包括支援センター全国担当者会議資料』2010年
『患者調査の概況（平成20年）』2009年
『国民生活基礎調査』各年

『高齢者介護研究会報告書：2015年の高齢者介護—高齢者の尊厳を支えるケアの確立に向けて—』2003年
『社会保障審議会介護保険部会資料』
『終末期医療のあり方に関する懇談会報告書』2010年
『図説統計でわかる介護保険』厚生統計協会　各年
『全国介護保険・高齢者保健福祉担当課長会議資料』各年
『全国厚生労働関係部局長会議資料』2011年
『地域包括支援センター業務マニュアル』2005年
『地域包括支援センターの手引き』2007年
『地域包括ケア研究会報告書（平成20年度老人保健健康増進等事業）』2009年
『特別養護老人ホームにおける医療的ケアに関する実態調査』2009年
『認知症の医療と生活の質を高める緊急プロジェクト報告書』2008年
『24時間地域巡回型訪問サービスのあり方研究会報告書』三菱UFJリサーチ＆コンサルティング　2011年

〔2〕国立社会保障・人口問題研究所関係
『社会保障統計年報』法研　各年
『人口の動向—日本と世界』厚生統計協会　2010年
『全国家庭動向調査』厚生統計協会　各年
『日本の将来推計人口』2006年
『日本の世帯数の将来推計（全国推計）』2008年

〔3〕内閣府関係
『高齢社会白書（平成22年版）』2008年

〔4〕総務省関係
『社会生活基本調査報告（平成18年）』日本統計協会　2006年

〔5〕その他
『家庭内における高齢者虐待に関する調査』医療経済研究機構　2003年
『介護白書』全国老人保健施設協会　TAC出版　各年

あとがき

　淑徳大学において老人福祉論の授業を担当してから20余年が過ぎた。これまでに2冊の単著を世に送り出していますが、担当授業のテキストとしての役割を最優先して執筆したのは本書が初めてです。大学より専任の教授職に任命されてから相当の年月が経過してからの単著テキストの作成であり、怠慢といわざるをえません。社会福祉教育の伝統校の専任教員として、ようやく最低限の職責を果たせたのではないかと安堵しています。

　さて、本書は、筆者が大学で担当している授業において使用することを前提に執筆した。長年使い込んできた講義ノートをもとに、厚生労働省が求める教育内容に準拠しつつ執筆した。社会福祉士養成のための教育課程の一授業科目である以上、内容の面で、他の養成教育の高齢者福祉関連のテキストと大きく異なるといったところはないと思います。もしあるとすれば、筆者自身の話しやすさ、講義の展開のしやすさなどを優先した構成になっていることです。

　現在の文部科学省の大学教育政策の柱の一つが「単位制度の実質化」です。学生の履修科目に対する単位認定は、通学課程の場合、教室での15回以上の授業（90分の授業を2時間の授業に換算したスクールアワーによる）の受講の他に、教室外での学習時間（つまり予習や復習時間）を加えたトータルの学習時間を課すことによって成り立っている。さらに、個々の授業科目の到達目標に達していることが確認されて単位が認定されることになる。

　本書では、ささやかな試みとして「予習用の学習課題」を各章の冒頭に掲げてあります。これは各章の学習の到達目標でもあります。したがって、各回の授業において当初の学習課題が達成されているかどうかは、これによって確認されることになります。ただし、学生の学習の達成状況を確認するための「復習用の学習課題」は、それが試験問題ともなるので記述しませんでした。

大学の教壇に立つようになったのは，学部や大学院において那須宗一先生に師事したことによります。那須先生は社会学徒として，老年学や老年社会学のパイオニアであります。私の高齢者福祉研究は，那須先生のもとで寿命学研究会やジェロントロジー学会の研究活動のフォローから始まっています。また，淑徳大学に籍をおいてからは，藤村哲先生の深いお人柄に触ることができました。糸賀一雄先生の近江学園の頃を懐かしみながらも，藤村先生は「組織と個人の関係」そして「最大の受益者は誰か」をいつも語っておりました。大学の教員として「一人前の顔」をしていられるのも両先生のご指導によるところであり，ここに改めて御礼申し上げ，本書を捧げたいと思います。

　ともあれ，遅ればせながら，担当授業のテキストを世に送り出すことができることとなりました。このような機会を与えていただいた学文社の田中千津子社長に深く御礼申し上げます。

2011年6月

下山　昭夫

索　引

あ行

アセスメント　51, 52, 118
アルツハイマー病　123
一部事務組合　29, 43
移動の介護　123
オレオレ詐欺　9

か行

介護　109
　——の概念　109, 110
　——の規定　109
　——の範囲　111
　——の方法　114
　——の目的　113
介護過程　117
　——の構成要素　117
介護給付　36, 55, 56
介護計画　117
　——の立案　118
介護サービス　56
介護サービス計画　49
介護支援専門員　89
　——の更新制度　40
介護・世話の放棄・放任　101
介護認定審査会　46-48
介護福祉士　91
介護報酬　33, 34
介護報酬単価　33, 34
介護保険財政　35
介護保険事業計画　35
介護保険事業支援計画　35
介護保険施設　57, 66, 67
　——の人員配置基準　70
　——の設置基準　70
　——の利用者要件　70
介護保険審査会　38

介護保険の基本的な考え方　25
介護保険制度　24
　——の目的　24
　——の理念　24
介護保険特別会計　29
介護保険料　30
介護予防居宅療養管理指導　60
介護予防ケアマネジメント事業　77
介護予防サービス　56, 57
介護予防サービス計画　50, 51
介護予防支援　57, 58
介護予防事業　56, 57, 76
介護予防小規模多機能型居宅介護　64
介護予防短期入所生活介護　61
介護予防短期入所療養介護　61
介護予防通所介護　60
介護予防通所リハビリテーション　60
介護予防特定施設入居者生活介護　62
介護予防認知症対応型共同生活介護　65
介護予防認知症対応型通所介護　65
介護予防福祉用具貸与　62
介護予防訪問介護　58
介護予防訪問看護　59
介護予防訪問入浴介護　59
介護予防訪問リハビリテーション　59
介護療養型医療施設　67, 69, 71
介護老人福祉施設　67, 68, 70
介護老人保健施設　67, 68, 70
改正介護保険制度　26
活動説　17
還付金詐欺　9
基準該当サービス　55
救護法　21
居住系（の）サービス　58, 62
居住（滞在）費・食費の利用者負担　72
居宅介護（介護予防）住宅改修費　63
居宅介護支援　57, 58

居宅介護支援事業所　50
居宅給付費　35, 36
居宅サービス　56-58
居宅サービス計画　49-51
居宅療養管理指導　60
区分支給限度基準額　32, 33
ケアマネジメント　49, 58
経済的虐待　101
結晶性知能　16
限界集落　8
権利擁護事業　77
広域連合　29, 43
高額医療・高額介護合算制度　41
後期高齢者　3, 99
後期高齢者医療制度　99, 100
後期高齢者医療制度広域連合　99
後期高齢者医療広域連合　100
後期高齢者支援金　100
合計特殊出生率　4
厚生労働省が定める指定基準　86
交通バリアフリー法　107
高齢者雇用安定法　13
高齢化　2
高齢化率　2, 3
高齢者医療確保法　98, 99
高齢者円滑入居賃貸住宅（高円賃）　106
高齢者核家族　7, 19
高齢者家族の核家族化　7
高齢者虐待　101
高齢者虐待防止法　102, 103
高齢者住まい法　105
高齢者専用賃貸住宅（高専賃）　106
高齢者の交通事故死　9
高齢者の雇用・就労対策　13
高齢者の資産　13
高齢者向けの賃貸住宅　106
高齢者向け優良賃貸住宅（高優賃）　106
国民皆年金皆保険体制　22
国民健康保険連合会　87

さ行

財政安定化基金　29
作業療法　59
サービス付き高齢者住宅　107
自己負担基準額　41
施設給付費　35, 36
施設サービス　57
施設サービス計画　49, 52
市町村が指定・監督するサービス　57
市町村特別給付　55, 73
市町村老人福祉計画　97
指定更新制度　39
指定サービス　55
社会的孤立　8, 14
社会福祉士　90
住所地主義　30
住所地特例制度　30
終末期ケア　127
恤救規則　21
主任介護支援専門員　90
受療率　18
生涯未婚率　4
小規模多機能型居宅介護　64
少子化　1
少子高齢化の4つの特徴　2
状態像　47
将来推計人口　2
食事介護　120, 121
食費・居住費（滞在費）の基準費用額　33
初婚年齢　4
所得区分ごとの負担上限額　41
所得段階別保険料　31
シルバー人材センター　13
人口置き換え水準　5
心身の状態の目安（状態像）　32
身体的虐待　101
心理的虐待　101
睡眠の介護　122

生活保護法　22
生活保護率　13
生産年齢人口　2
精神保健福祉士　92
生存権　22
性的虐待　101
成年後見制度　103
生命表　5, 9
設置基準　69
前期高齢者　3, 99
専門職のネットワーキング　93
専門職の倫理　94
総合相談支援事業　77
総人口　1
相当サービス　55
ソーシャルネットワーク　14
措置制度　24
尊厳死　128

た行

第1号被保険者　30
第2号被保険者　30
短期入所系（の）サービス　58, 61
短期入所生活介護　61
短期入所療養介護　61
単独世帯　6, 7, 19
地域支援事業　56, 57, 75, 76, 79
地域包括ケア　81
地域包括支援センター　78, 79
地域包括支援センター運営協議会　80
地域密着型介護老人福祉施設入所者生活介護　65
地域密着型サービス　57, 64
地域密着型（介護予防）サービス　63, 64
地域密着型特定施設入居者生活介護　65
知能　16
チームアプローチ　80, 93
調整交付金　36
通所介護　60
通所系（の）サービス　58, 60

通所リハビリテーション　60
特定施設入居者生活介護　62
特定疾病　16
特定入所者介護サービス費　41, 42
特定入所者負担限度額　42
特別徴収　30
特例サービス　55
都道府県が指定・監督するサービス　57
都道府県老人福祉計画　97

な行

2次予防事業対象者　56
日常生活自立支援事業　103, 104
入浴の介護　122
任意後見制度　104
任意事業　57
認知症　123
　——のアセスメントスケール　124
　——の種類　123
　——の症状　124
　——の中核的症状　125
認知症対応型共同生活介護　65
認知症対応型通所介護　65
認定調査　46
認定調査員　46
認定の有効期間　48
年少人口　2
脳血管性認知症　124

は行

排泄介護　121
ハートビル法　107
バリアフリー法　107, 108
晩婚化　4
被保険者　29
夫婦のみの世帯　6, 7, 19
福祉の措置　98
福祉用具購入費　62
福祉用具購入費支給　58
福祉用具相談員　92

福祉用具（の）貸与　58, 62
平均寿命　5
平均余命　5
包括的支援事業　57, 76, 77
包括的・継続的ケアマネジメント　78
法定後見制度　104
訪問系サービス　58
訪問介護　58
訪問介護員　91
訪問看護　59
訪問系のサービス　58
訪問入浴介護　59
訪問リハビリテーション　59
保険給付　36, 55
保険者　29
ホスピスケア　128

ま行

未婚化　4
モニタリング　51, 52

や行

夜間対応型訪問介護　64
有訴者率　18

ユニットケアサービス　71
養介護事業　101
養介護施設　101
養介護施設従業者等　101
要介護者　48, 56, 58
要介護認定　46, 47
要介護（要支援）認定者数　49
要支援者　48, 56, 58
予防給付　36, 55, 56

ら行

理学療法　59
離脱説　17
リビング・ウイル　128
流動性知能　16
療養病床の再編　72
老人居宅生活支援事業　98
老親との同居規範意識　7, 8
老親に対する介護規範意識　7, 8
老人福祉施設　23, 66, 67, 98
老人福祉法　22, 97
老人保健法　23
老年期　11, 12
老年人口　2

著者略歴

下山　昭夫（しもやま　あきお）

1956年　静岡県生まれ
1985年　中央大学大学院文学研究科社会学専攻
　　　　博士後期課程単位取得満期退学
現　職　淑徳大学総合福祉学部教授
主　著　『介護の社会化と福祉・介護マンパワー』学文社（2001年）
　　　　『少子高齢社会の福祉・介護サービス職』学文社（2008年）

高齢者福祉サービス論

2011年9月10日　第1版第1刷発行

著　者　下　山　昭　夫
発行者　田　中　千津子
発行所　株式会社　学　文　社
〒153-0064　東京都目黒区下目黒3－6－1
電話　(03)3715-1501(代)　振替　00130-9-98842
http://www.gakubunsha.com

落丁・乱丁の場合は，本社にてお取替します　印刷／新灯印刷㈱
定価は，売上カード・カバーに表示してあります　〈検印省略〉

ISBN 978-4-7620-2214-2
© 2011　SHIMOYAMA Akio　Printed in Japan